一醒惊天下

三星堆古蜀文明

周新华 著

浙江摄影出版社
全国百佳图书出版单位

责任编辑：张　磊
美术编辑：张　磊
封面设计：代祝鑫
责任校对：高余朵
责任印制：汪立峰

p055、p060　cdsb/IC photo
p056、p057、p058、p058、p059、p102　动漫社会学 /IC photo

图书在版编目（ＣＩＰ）数据

一醒惊天下 ：三星堆古蜀文明 / 周新华著. -- 杭
州 ： 浙江摄影出版社，2021.6（2024.1重印）
ISBN 978-7-5514-3339-6

Ⅰ. ①一··· Ⅱ. ①周··· Ⅲ. ①三星堆遗址－考古发现
－研究 Ⅳ. ①K878.04

中国版本图书馆CIP数据核字(2021)第103809号

YIXING JIN TIANXIA: SANXINDUI GUSHU WENMING

一醒惊天下 ——三星堆古蜀文明

周新华　著

全国百佳图书出版单位
浙江摄影出版社出版发行
　　　　地址：杭州市体育场路347号
　　　　邮编：310006
　　　　网址：www.photo.zjcb.com
制版：杭州真凯文化艺术有限公司
印刷：杭州捷派印务有限公司
开本：710mm×1000mm　1/16
印张：14.5
2021年6月第1版　2024年1月第4次印刷
ISBN 978-7-5514-3339-6
定价：68.00元

沉睡三千年

一醒惊天下

······

三星堆遗址的发现

可以说是中国考古史上的一个奇迹

由一个考古遗址的发掘

发现了一个失落的文明

甚至改写了一部文化史

引言

考古史上的奇迹

三星堆遗址的发现，可以说是中国考古史上的一个奇迹。由一个考古遗址的发掘，发现了一个失落的文明，甚至改写了一部文化史，真可谓"沉睡三千年，一醒惊天下"。

"三星堆"从此蜚声海内外，除了得益于它是目前中国西南地区发现的范围最大，延续时间最长，保存最为完好的古城、古国、古蜀文化遗址外，还因为它出土了大量能够代表古蜀文明高度的精美器物，且文化内涵极为丰富。这些器物不仅因其独特的个性而有别于其他古老文明，而且埋藏方式奇特怪异。

在此之前，恐怕没有多少人会想到一个偏处西南边陲、四川腹地不起眼的小村落竟有如此辉煌发达的古代青铜文明。这种文化与当时占主导地位的中原商周文化不相伯仲，显示出极强的生命力和多少有些"另类"的文化面貌。古蜀人恢诡浪漫、雍容大雅的艺术世界，更令世人惊诧不已，玩味无穷。

巴山蜀水之间，人文渊薮，不惟物产富庶，而且历史久远。根据古代文献记载，在周慎靓王五年（前316）秦司马错灭蜀以前，古蜀国曾先后经历蚕丛、柏灌、鱼凫、杜宇、开明五个王朝，在漫长的岁月中，积淀了极富特色、自成一体的古蜀文化。

　　然而，在过去相当长一段时间里，由于文献记载的语焉不详，人们对古蜀文化的认识与了解也多茫昧迷离，正如唐代大诗人李白在《蜀道难》一诗感慨的那样，"蚕丛及鱼凫，开国何茫然"！古蜀文化亦因之蒙上了一层神秘诡谲的色彩。

　　自20世纪初田野考古学引进中国，一个多世纪以来，不断有重要的古蜀文化遗址在考古工作者的手铲下被揭示出来，古蜀文明从起源、发展、兴盛到衰亡的脉络及走向亦逐步梳理清晰。作为长江上游古代文明的中心区域，古蜀文明的先进性及特殊性正日益凸显，有关古蜀文明的研究亦日渐成为考古学、历史学领域的研究热点之一。李学勤先生认为，如果没有对古蜀文明的深入研究，便不能构成中国文明起源和发展的完整图景。他曾撰文指出，"中国文明研究中的不少问题，恐怕必须由古蜀文化求得解决"。

　　北京大学考古文博学院孙华教授一直关注和研究四川地区的先秦文化，他在《成都平原的先秦文化》一文中尝试着建立起了四川盆地先秦文化谱系，即以成都平原为中心，从新石器时代的宝墩文化启其端，先后有三星堆文化、十二桥文化、新一村文化、青羊宫文化（巴蜀文化），而后逐渐纳入秦汉文化之中。毫无疑问，在四川盆地先秦文化这个系统中，分布范围最广、文化特质最鲜明、影响力最大的当属夏、商之际的三星堆文化。可以这样说，在古蜀文明的长卷中，三星堆文化是其中最灿烂辉煌的华章。

目录

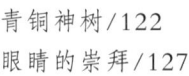

惊世一掘

—— 三星堆遗址的发现及文化的确认

一坑玉石器

三星堆位于四川省川西平原北部的广汉市三星堆村，西距城区七里许。其地北临沱江支流湔江（俗称鸭子河），村西南有古马牧河盘桓流过。

"三星堆"之名由来有自。在三星堆村之南，马牧河南岸有三个呈圆丘状的黄土堆，长二三百米，突兀在大平原上，远望犹如一条直线上分布的三颗"金星"，故称"三星堆"。自古传说，玉皇大帝从天上撒下了三把土，落在湔江边上，就变成了这三颗"金星"。经考古探明，这三个土堆原为黄土堆砌夯筑而成。初时，人们认为它是古城墙的残段，因年代久远形成了两个缺口，墙体亦坍塌剥蚀，就成了三个黄土堆的样子。后来，在其南边发现了南城墙，大多数学者开始倾向于认为三星堆是城中的祭坛，这是后话。但老百姓不知这些根底，一直把这里叫作"三星堆"。

巧的是，在马牧河的北岸，与三星堆相望，有一处高出周围的弧形台地，因其两头尖、中间弯，形如月牙，于是有了个很诗意的名字——月亮湾（今真武村）。天作之巧，当地人管这两处景致叫作"三星伴明月"。"三星伴明月"一时成为闻名遐迩的胜景，并被清同治年间的《汉州志》誉为"汉州八景"之一。

三星堆位于川西平原北部，这里地势平坦，气候温润，村舍零落，一派田园风光

到了20世纪30年代，月亮湾附近陆续有文物出土，这里一时成了众所瞩目的"风水宝地"。

三星堆的惊世发现，始于当地农民燕道诚的一次车水淘沟，他偶然挖出了一坑玉石器。

关于这件事，在后来出版的有关三星堆的书籍中多有记述，内容出入不大。但在何时发现的年份上，则有1929年和1931年二说。

较早的记载都说是1931年发现的。如出版于1946年的《四川古代文化史》一书记载：

> 民国二十年（1931）春，居民燕道诚因溪流淤塞，溉田不便，乃将溪水车干施以淘浚，忽于溪底发现璧形石环数十，大小不一，叠置如笋，横卧泥中，疑其下藏有金银珠宝，乃待至深夜始率众匆匆前往掘取。除获完整石璧若干外，闻复拾得石圭、石璧、玉圈、石珠各若干。

　　而20世纪70年代以后，又有了"1929年发现"一说。冯汉骥、童恩正在《记广汉出土的玉石器》一文中记述，"1929年，该地中兴乡的农民燕某曾在宅旁沟渠底部发现玉石器一坑，当即引起了人们的注意"，但文中对此说依据并未说明。后来，曾主持发掘三星堆遗址的陈德安在《三星堆遗址挖掘综述》一文中这样解释：三星堆遗址的发现，源于1931年英国牧师董笃宜（V. H. Donnithorne）在广汉获悉当地农民燕道诚因车水溉田挖出石璧、玉璋、玉琮、玉璧等一坑玉石器一事，而根据燕氏家族提供的情况，董笃宜得知这批玉石器出土的消息，已时隔两年。因此，实际上这批玉石器是1929年出土的。应该说，这个解释是比较合理的，故1929年之说当更为可信。

　　燕道诚发现这坑玉石器的经过，不少书籍都有记载，有的简略，有的则绘声绘色，颇富想象，迹近演义。大致经过是这样的。

　　1929年春，家住月亮湾附近的农民燕道诚在宅旁的水沟中以龙骨车车水灌田。因水流甚小，燕氏父子准备将水车下的水凼掏深，不料在挖土时，听到砰的一声，好像挖到了硬物。刨开土看，地下现出一个白生生的大石环。掀开石环后，下面是个土坑，里面堆满了精美的玉石器，燕氏惊得目瞪口呆，以为是挖到"宝贝"了，于是不敢声张，随即将土坑掩埋起来。到了夜深人静，一家老小才出动把这坑玉石器取回家中。

　　燕氏偶然挖到的这些玉石器究竟有多少，说法不一。有的说"一坑"，有的说"若干"，有的说"大批"，还有的说"总数达三四百件之多"，总之数目不会太小是可以肯定的。至于其种类，因燕氏并不识得，考古工作者根据后来收集的资料作了整理，得知种类不少，仅玉器就有璧、璋、琮、圭、斧、刀、钏、珠等，石器则以璧为主，另外还有一些半成品和玉料。其中，石璧最多，也最具特色，大者直径达80厘米，小者直径几厘米到10厘米不等。

　　其后一两年间，燕道诚在附近又陆续作了一些挖掘，但再无所获。燕氏父子此后曾得了一场大病，他们以为这是因当时坑挖得太深，触犯了"风水宝地"之故，于是不敢再挖。同时抱着"蚀财消灾"的心理，将这些意外之财除自留部分外，大多向亲邻朋友广为分送。故不出三四年，玉石器便散失大半。

随着这批玉石器的分送，燕家在月亮湾掘到大批玉器的消息不胫而走。这自然也引起了古董商的注意，几经渲染炒作，当时的成都古董市场一度曾被"广汉玉器"闹得沸沸扬扬。

初探三星堆

农民燕道诚的偶然一掘，竟然由此开启了三星堆古蜀文明探索的先声，这是令人始料不及的。事实上，中国考古史上许多震惊天下的大发现，最初的机缘大都有些偶然因素，三星堆遗址的发现也不例外。

燕氏在月亮湾掘到玉石器，此事在当时即引起了一些有心人和学者的注意。正在广汉传教的一位叫董笃宜的英国牧师，在农家院落偶然听到乡人关于燕家玉器的闲谈，当即留了心。虽然他不是一个考古学者，对古蜀历史也没有什么研究，但他确认这批器物很有科学价值。于是，他找到平时过从甚密的当地驻军陶宗伯旅长，希望"做必要的宣传，尽快寻回散失器物，以便把它们保存下来"。陶旅长尽管对文物所知不多，但对此事仍十分支持，几天后，即派遣属下从燕氏家中借得5件玉石器交给董笃宜。董笃宜拿到器物，匆匆赶往成都，请华西协和大学的美籍教授、地质学家戴谦和（Daniel Sheets Dye）鉴定。

这年6月间，戴谦和、董笃宜与华西协和大学的一位摄影师赶赴广汉，对月亮湾出土遗物的地点进行了初步考察。大概是这次考察使燕道诚和陶旅长都意识到了对出土玉石器进行研究的重要性，他们将那5件玉石器赠送给华西协和大学博物馆保存，后来燕氏又将"最大之石璧一枚，琬圭一柄赠予华西协和大学博物馆，陶氏亦将所获全赠该馆，以便保存"。

1932年秋，成都著名的金石鉴赏家龚熙台也从燕道诚处购得4件玉器，激赏不已，专门写了《古玉考》一文在成都东方美术专科学校校刊创刊号发表，文中称这些玉石器"价值连城"。此论一出，立时在成都激起轩然大波。一些古董商随即蜂拥而至月亮湾寻珍探宝，有些不法商贾为了牟利甚而不惜制造赝品出售，致使"广汉玉器"一时鱼龙混杂、真赝莫辨。

大石璧　　　　　　　玉圭　　　　　　　　玉斧

就在古董商们于广汉争相搜取玉石器之时，一位对三星堆文化的早期认识与保护起到关键作用的人物出现了，他就是华西协和大学博物馆馆长、美籍教授葛维汉（David C. Graham）。1933年秋，葛维汉最早提出了在广汉玉石器出土地点进行调查和发掘的构想。关于此事，后来记载略有出入。

郑德坤《四川古代文化史》一书记载，葛维汉"以广汉遗物颇有考古价值，乃函询董君发现详情，复亲至其地考察，并商得县长罗雨苍氏及省政府教育厅之同意，从事科学化之发掘，旋因他事牵延未果"。

但《中国考古文物之美》丛书之三《商代蜀人秘宝·四川广汉三星堆遗址》一书则云："1934年3月1日，葛维汉、林名均等抵达广汉，但广汉地方长官罗雨苍已抢先一步雇人开始挖掘了。葛维汉向他说明非科学发掘的危害及由此将产生不可挽回的损失，罗雨苍遂命令停工，并达成协议邀请葛维汉主持发掘事宜，但发掘权及出土文物尽归罗氏。"这一说事实上是根据葛维汉本人在《汉州发掘简报》中的记述而来的，比较准确。

这次发掘由罗雨苍县长出面主持，葛维汉负责指导发掘，华西协和大学博物馆馆员林名均协助田野工作。因其时治安十分混乱，"邻近匪风甚炽"，发掘只进行了十天即匆匆结束，但仍有较为丰富的收获，不仅发现了一些精致的玉石器，还出土了许多石器残块和破碎陶片，所获各种玉、石、陶器共计600多件，其中的玉石器与燕道诚五年前车水淘沟时偶然发现的那些形制基本一致。罗雨苍县长颇识大局，认为这些器物富有科学价值，遂决定把它们赠送给华西协和大学博物馆。

可以说，这是四川近现代考古史上第一次较为正式的科学考古发掘，也是学者、专家对三星堆予以关注的开始。尽管此次发掘未能触及遗址内的"祭祀坑"，但其意义和影响不可低估。

经过这次发掘，所谓的"汉州遗址"开始引起学者们的重视。1934年，曾经第一个到月亮湾考察遗物出土地点的戴谦和撰写了《四川古代玉器》一文，发表在《华西边疆研究学会会志》第四卷上，对这些玉石器的年代和性质作了初步研究。不久后，葛维汉参照瑞典考古学家安特生在河南渑池仰韶村、辽宁锦西沙锅屯发掘的出土文物报告，以及中国著名考古学家李济在河南安阳殷墟主持发掘的出土文物报告，整理出《汉州发掘简报》，发表在《华西边疆研究学会会志》第六卷上。这也是历史上第一份有关广汉古蜀文化遗址的考古发掘报告。1942年，曾协助葛维汉田野考古工作的林名均撰写并发表《广汉古代遗物之发现及其发掘》一文，对发掘工作进行了全面报道。随着这一系列文章的发表，"广汉文化"和"广汉玉器"更是名扬天下。

这其中，葛维汉整理的《汉州发掘简报》最值得称道。这有两层含义，其一，由他主持的发掘，是第一次由专家、学者介入对三星堆遗址的科学发掘；其二，这份发掘简报是第一份关于古蜀文化遗址的考古发掘报告。尽管葛维汉本人并非考古学家，他在报告中的论述也不尽准确，但作为一个在中国工作的外国学者，抱着对中国文明的热烈向往之心，为"广汉文化"（即后来的"三星堆文化"）的发现与研究，自觉地担负起了"筚路蓝缕，以启山林"的重任。

在《汉州发掘简报》中，葛维汉着重写道：

1934年，三星堆遗址发掘现场，左前坑边站立者为葛维汉，右一为林名均

　　这次发现的器物，至少对研究古代东方文化和历史学者们提供了三种情况。第一，随葬器物可以帮助我们了解古代的葬俗、社会和宗教习俗；第二，玉、石器以及器物上的纹饰，颇能引起考古学家的兴趣；第三，出土的大量陶片，为研究四川古代陶器提供了重要资料。

　　我们已经指出，那个令人瞩目的发现是在一个挖掘七英尺长、三英尺深的墓坑出土的，而且几乎所有的墓葬大小大致如此。玉刀、玉凿、玉剑、方玉以及玉璧等礼品，周代时均系死者的随葬品，玉珠也为死者的随葬物。如果我们假设它是古墓这个结论正确的话，我们认为在四川古墓中发现的器物，大约为公元前1000年的时期。

　　墓坑里发现的器物有绿松石、绿石或粗糙的穿孔玉珠。从玉珠的两端进行钻孔，接近玉珠半心处的孔径较小。另外还有80多件小青玉片，因为考虑到它们一般作为装饰品粘牢在木制或皮制品上，没有串联或缝入的孔洞，这些玉刀、玉剑、玉凿等显然是祭祀用的。周代实行祭祀天地大典时，方玉象征地，玉璧代表天。

　　广汉文化与华北和中原地区已知的新、旧石器时代文化之间的联系与传播很清楚地看到证据。广汉的非汉族人民受华北和中原地区的早期文化影响颇深，或者是四川的汉人或汉文化比前人所定的时期还要早些。

　　目前的这些资料，也只能停留在暂时假设阶段，待将来找到更多的考古证据，以及广汉收藏品极为详细的第一手资料与中国其他地区的早期收藏品比较后，再来改变或确定结论。我们考虑广汉文化下限系周代初期，大约公元前1100年；但是更多的证据可以把它提前一个时期，其上限为金石并用时代。我们这次在四川广汉县遗址发现的玉器、随葬物和陶器系年代很早的标本。

葛维汉的这份《汉州发掘简报》除了介绍发掘经过和出土器物的各种形态，

还提出了一些分析和看法，比如认为发掘的这个遗址是个墓坑，出土的器物大都为随葬物品；同时对"广汉文化"的时代提出了下限系周代初期，上限为金石并用时代的看法。在当时发掘并未全面，器物也不丰富，同时未引进碳14测定等科学手段的前提下，无疑还是很有见地的。当然，其不可避免地也有一些局限性，比如郑德坤在当时就对"墓葬说"提出了商榷，"窃疑广汉土坑应为晚周祭山埋玉遗址"。但无论如何，这种讨论在当时却倡导了一种很好的学术风气。

林名均于1942年发表的《广汉古代遗物之发现及其发掘》一文，则记述了月亮湾发掘的一些基本情况。文中介绍，发掘时布了长12米、宽1.5米的探沟数条，发掘中把地层划分为农耕土、文化层和生土；对发掘所获石器、陶片及玉器等文物，报告将其分成三个部分，一为溪底所出，一为探沟文化层所出，一为征集品。发掘者认为其年代"以石器及陶器之原始形制观之"，"属于新石器时代末期而在殷商以前也"，"至于溪底墓中之物其时代较晚，当为周代之物，盖所发现之玉器，与周礼相称，多所吻合"。

其时，旅居东瀛的中国著名历史学家、考古学家郭沫若得知故乡发现古蜀文化遗址和遗物，欣喜不已。林名均亦主动给郭沫若去函，并寄去广汉发掘文物的全部照片和器物图形资料。1934年7月9日，郭沫若回信向林名均、葛维汉表示谢忱，同时经过认真研究，也在信中谈了他对古蜀历史及"汉州遗址"的整体看法。

你们在汉州发现的器物，如玉璧、玉璋、玉圭等，均与华北和中原地区的出土发现相似。这就证明古代西蜀曾与华北和中原有过文化接触。在殷商时代的甲骨上就发现有"蜀"的名称，当周人克商时，蜀人曾经前往相助。此外，汉州的陶器也是属于早期的类型。你们认为汉州遗址的时代大约是西周初期，这个推测可能是正确的。现在我只能说这些，如果将来四川其他地方又有新的发现，它们将展现出这个文化分布的广阔区域，并且肯定会提供更多的可靠的依据。

这是关于三星堆遗址早期考古发现的一封重要通信。郭沫若以一个历史学

玉璧　　　　　　　　　　　　　石圭

家和考古学家的独到眼力，提出了一些极有见地的看法和建议，如进行综合性的研究、寄希望于今后进行更多的考古发掘以揭示古蜀文化的详细面貌，以及探索古蜀与周边区域文明的交流，等等。

　　1946年，华西协和大学以"华西协和大学博物馆专刊之一"名义印行郑德坤的《四川古代文化史》，书中专设"广汉文化"一章，分五个部分，分别介绍了三星堆遗址的调查经过、土坑遗物、文化层遗物、购买所得遗物和对广汉文化时代的推测。

　　对于本次考古发掘经过，书中有以下记载：

　　　　工作地段位于燕氏宅旁之小溪及溪北之田坝中。先则沿溪开一沟，长四十尺，广五尺，深七尺，名之曰"第一坑"。此坑表面为近代之黑土层，泥土甚薄，平均不及一尺；其次即瓦砾层，平均深度约三尺，其中所含陶片甚多，且有若干石器杂于其间，其泥土多属红色；再次则为未曾翻动之粘土层，土色褐黄，且无遗物发现。

次则整理前玉器石璧出土之溪底。……为一长方形坑，长约七尺，宽三尺，深三尺；……得琰圭残块二片及破缺小石璧数件。……坑中泥土杂有绿色小玉块及绿松石石珠颇多，所获约百枚。

继又在第一坑之南北各开一沟，长宽与第一坑均相同。南坑……上二层泥土系后人堆积，近代陶瓷残片参其间；第三层深厚与第一坑文化层相同，出土陶片与石器残块亦相似；其下即未曾翻动之黄土层。北坑地层与第一坑完全相同，文化层居中，厚约三尺。

石戈

书中对所获文物作了分类研究，并考定其用途。在作年代推测分析时，已初步具备了地层层位的概念，"土坑在文化层中为阑入品，其开凿应在此居住遗址荒废之后，是文化层年代应在土坑年代之前"。在作了同其他地区的比较研究之后，郑氏认为粗灰陶"为新石器时代晚期以至历史时代初期之遗物"，细灰陶"年代应当为商周前后"。

现在看来，20世纪三四十年代可算是三星堆文化研究的开榛辟莽时期。虽然受到时代及其时社会状况的限制，葛维汉、林名均等发掘者的努力并未能得到进一步有力的佐证，但其启明奠基之功仍不可没。自此以后，月亮湾遂成为四川考古的一块圣地，成为古蜀文明的象征。

玉斤

系统的发掘

1949年，中华人民共和国成立，中国田野考古发掘与研究进入了新的历史时期。与之相应，三星堆考古也从此掀开了新的一页。

1953年，因修建天成铁路（即后来的宝成铁路），在成都正式成立了"天成铁路文物古迹保护委员会"，时任西南博物院院长的冯汉骥教授被聘担任副主任委员，其下设工作队，沿拟建铁路沿线驻扎，调查清理文物古迹。冯汉骥上任伊始，即专程赴月亮湾调查。据其时随同冯汉骥考察的王家祐回忆，他们"在鸭子河边慢步查看土层，无所获"。

1955年，王家祐与江甸潮二人再赴月亮湾、三星堆进行考古调查和征集文物工作，并首次在三星堆发现大片遗址。翌年，王家祐第三次来到广汉，这一次收获颇丰，时已年过七旬的燕道诚一改往日"所有器物均已送人"的说法，将在田野里埋藏了20多年的一批精美玉器，种类有玉琮、玉瑗、玉钏和玉磬等，一并捐献给了国家。

1958年，王家祐和江甸潮再赴广汉，于月亮湾至三星堆一带作了整整一个月的调查、踏勘和试掘。在他们后来撰写并发表的调查记中，介绍了两地三处古文化遗址。其中，广汉就占了两处：中兴乡真武村的月亮湾横梁子遗址和中兴乡三星村的三星堆遗址。这次调查试掘有了重要收获，即发现三星堆遗址与月亮湾遗址的文化层内涵完全一致。

王家祐和江甸潮二人在月亮湾横梁子遗址调查时，在邻近燕道诚家院子的堰沟和土岗断层中发现了较多陶片和火烧土遗迹，并采集到一些陶片和人工打制石器的坯子。他们在此访问附近居民，听说当地乡民常于耕地时挖出玉器和石器，王、江二人也从乡民手里征集到一批历年在此出土的玉、石制品，计有牙璋、石璧（残）、石镞、赭石和一件玉质圈状器及打制而成的石圭的坯子。此外，在一块褐黄色半透明的石块上，还发现数道人工磨制痕迹，证明这一遗址是大量制造玉器和石器的场所，过去所出的大批玉器和大小石璧，都应是当地的制品。在月亮湾采集的陶片则有小底杯和绳纹敛口盆形器两种。

　　二人在与横梁子遗址隔河相望的三星村三星堆遗址的田间、水沟断层里，也发现了很厚的陶片层，略一挖取，就收集了几种不同器型的陶片，并在沟边拾到一件磨制的石斧。从陶片的部位看，多为敞口器的口缘、器腹，及灯柱下端。其陶质有淘洗过的泥质细陶和夹砂粗陶，陶色以灰色为主，间有黑色。陶片的纹饰丰富多样，器口下多施以平行回绕的水波纹或变体的云雷纹，器壁上多施以平行单弦纹、三线或多线组成的平行纹，有的还在平行纹各线条间空出较宽的距离而加以几何线纹的，也有在平行带纹间附加以棱脊斜压断纹的，另还有绳纹（多见于粗质夹砂陶器器壁）等种类。

　　王家祐、江甸潮认为，月亮湾和三星堆两处遗址的文化面貌是一致的，这批出土陶片与之前四川地区各时代墓葬出土的陶器都明显不同。他们初步认定这两处遗址的年代相当于殷商时期，并向考古学界发出了进一步调查、认识和研究"广汉文化"的呼吁。

　　1958年，四川省博物馆也派员来到广汉作详细的考古调查，并收集、挖掘到一些玉石器，确定这里是一处范围广泛的古遗址所在。1959年，四川大学历史系师生来到广汉参观，并于1960年、1961年两次到三星堆遗址一带考古调查，在月亮湾、真武宫南面附近一带，采集到陶制盖钮、器流、尖底杯、盘、小平底罐、豆柄和石斧、石锛、石璧等，并判断其时代上限可至西周初，下限不晚于春秋之初。

　　1963年，由冯汉骥教授为领队，四川省博物馆、四川大学历史系组成联合考古发掘队，开进月亮湾。发掘伊始，冯汉骥站在月亮湾台地上，放眼马牧河对岸的三星堆，颇带预见性地说："这一带遗址如此密集，很可能就是古代蜀国的一个中心都邑。"

　　这年的发掘选择了三个发掘点。第一地点选在燕家院子东南30米左右的稻田里，北面靠近当年出玉石器的水沟，东距月亮湾土埂约200米，共开探方11个；第二地点在水沟北岸，真武宫后约40米，开探方1个，堆积薄，出土遗物较少；第三地点选在月亮湾梁子上。发掘进行了40多天，发掘面积50多平方米，因范围有限，未能达到预期目的。这以后，三星堆考古发掘又陆续有了

小平底罐（夹砂灰陶）

盖纽（泥质黄褐陶）
纽呈莲蓬状

小平底罐（夹砂褐陶）
外饰黑陶衣，器身饰绳纹

陶瓶（夹砂褐陶）

一些发现。就在同年，月亮湾当地农民在掘坑积
肥时又发现玉石器一坑，其中有成品、半成品和
石坯，地点距燕氏最初发现玉石器的地点不远。
1974年，又在附近棱子田发现磨石一坑，坑口为
石板封存，磨石为大小卵石数十件，青黄如玉，
坚硬细腻，均有打磨面，当为作坊使用的加工工
具。另外，据敖天照、刘雨涛《广汉三星堆考古
记略》记述，月亮湾附近农田还先后出土不少石
斧、石凿、小石锛和残石璧等。1976年，高骈公
社机砖厂又出土玉斧、玉刀和玉矛各1件。

石斧

　　1976年9月，冯汉骥指导童恩正撰写了《记广
汉出土的玉石器》一文，对这些出土玉石器做了系
统的整理研究。他们认为，"广汉玉石器埋藏的性
质，过去有人认为是古代蜀国帝王的墓葬，有人认
为是祭山之所。现在看来，以属于窖藏的可能性
比较大"。文中进一步指出："这里文化层的堆积
很厚，范围也相当广泛。很可能此处原来是古蜀国
一个重要的政治经济中心；而发现玉器的地点，即
为其手工业作坊所在地，历年来出土的玉石成品、
半成品和石坯，应该说是这个作坊的产物。但不知
由于什么原因，这个作坊突然废弃，人们只能仓促
将所有的产品埋藏起来，以后也就没有机会再来挖
掘，所以保存至今。"

石锛

　　这篇文章在《文物》杂志1979年第2期发表。
文章发表时，冯汉骥先生已逝世两年余，而离三星
堆遗址的正式发掘只相距一年时间。而后来的考古
发现证明，冯汉骥先生的预见大体是正确的。

文化的确认

进入20世纪八九十年代，三星堆遗址迎来了大规模连续发掘时期，前后长达30余年，不曾中断，三星堆文化也从此得到确认。

20世纪80年代初，由于当地砖瓦窑业迅速发展，村民取土烧砖，导致三星堆和月亮湾一带大片文化遗址被挖掘推毁。1980年春，南兴镇一砖厂在三星堆坡地取土时，在地下挖出了石器和大量陶片。当地文化馆干部敖天照当即将此情况向四川省文物管理委员会报告。之后，四川省博物馆王有鹏与广汉县文化馆人员来到三星堆考察，并做了试掘，出土了一批石器和陶器。

同年10月，四川省博物馆田野考古队经过数月的准备，对三星堆遗址开始了面积1200平方米的大规模考古发掘。这次发掘地点主要在三星堆中部东侧，田野工作一直持续到翌年5月。考古人员后来将这一发掘点编为三星堆遗址的第三发掘区。此次发掘，发现房屋遗迹18座、灰坑3个、墓葬4座，出土玉石器110多件、陶器70余件及10万余片陶片。陶器种类有豆、罐、盆、杯、碗、壶、勺、网坠等，石器种类有锛、凿、锥、矛、刀、杵等。而更重要的发现是，首次在川西平原清理出龙山时代（距今5000—4000年）至夏周时期（距今4000—3000年）的带有浓厚古蜀特色的房屋（"木骨泥墙"并带有穿斗夹壁厅堂）基址。

在发掘期间，考古人员一并对遗址进行了全面调查，提出了一个大胆的推测——"在三星堆遗址东、西、南面笔直走向的土埂是由人工叠筑而成，可能是遗址内城墙"。这一推测为后来的正式发掘所证实。

这次的发掘报告，以《广汉三星堆遗址》为题发表在1987年第2期《考古学报》上，报告中第一次明确提到了关于三星堆文化命名的问题。发掘者认为，通过这一次发掘，进一步了解了三星堆遗址古文化的基本面貌，它是"一种在四川地区分布较广的、具有鲜明特征的，有别于其他任何考古学文化的一种古文化"，并且它已经具备了夏鼐先生提出的命名一种新考古文化所必须的三个条件。

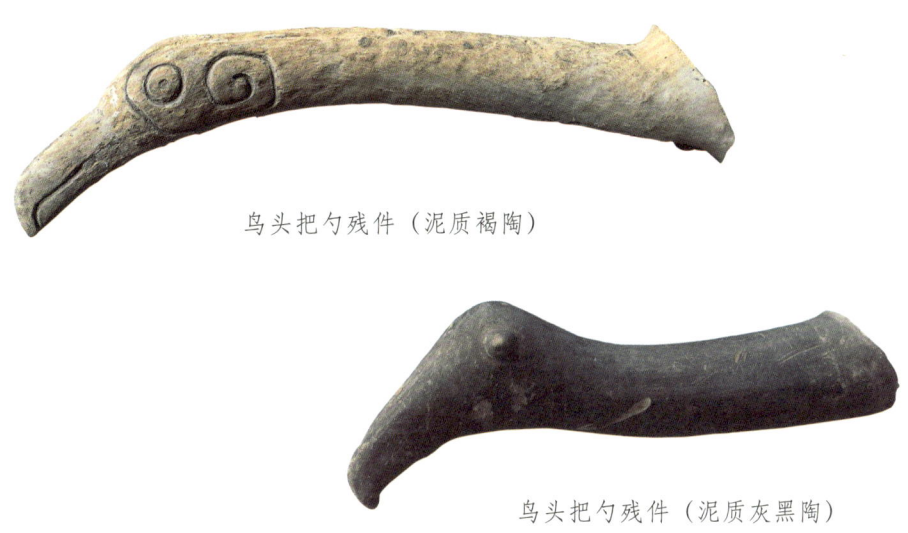

鸟头把勺残件（泥质褐陶）

鸟头把勺残件（泥质灰黑陶）

　　一、这种文化的特征不是"孤独的一种"，而是"一群"。如陶器中的高柄豆、小平底罐、鸟头把勺等特殊器型，往往在各遗址中伴出。

　　二、这种同类型的古文化遗址，在四川地区的发现已不仅是一两处，而是在成都青羊宫、羊子山、中医学院、新繁水观音，广汉月亮湾，阆中城郊，汉源背后山和麻家山等多处都曾发现过。

　　三、"必须有一处做过比较全面而深入的研究。"在此以前，尽管材料有限，但不少专家学者已对这类遗址做过不少研究和探索，这一次对三星堆的发掘和整理，正是对这类遗址的进一步研究，并对其时代、分布以及同其他文化的关系等问题进行了有意义的探讨。

　　综上，发掘者认为给这种特殊的古文化赋予一个名称的条件已经具备。因此，他们建议将这种古文化命名为"三星堆文化"。

尖底盏（夹砂灰陶）　　　　　　　　镂孔圈足盘（夹砂褐陶）

　　1980年至1981年度的这次发掘，在三星堆遗址的发掘史上虽然并不是第一次，也非规模最大，更不是收获最丰富的一次，但却具有里程碑式的意义。因为正是这次发掘之后，"三星堆文化"的名称正式得到确认。1984年，中国著名考古学家夏鼐、苏秉琦两位先生看到这批文物标本时，对四川的考古收获给予了高度评价。苏秉琦先生高兴地说："蜀文化的生长点就在这里。"三星堆的考古地位再次得到了深切的肯定。

　　继这次发掘之后，四川考古工作者紧接着在1982年、1984年至1986年连续五次对三星堆、西泉坎等地的重要遗存进行发掘。

　　1982年4月至12月，四川省文物管理委员会又在三星堆第三个堆子的南侧进行了两次小规模的发掘（此处编为三星堆遗址第一发掘区），揭露面积159平方米。其重要收获是，发现了晚于三星堆三区第三期的商末周初的地层，出土遗物恰好与新繁水观音遗址出土的器物相衔接，同时还发现了马蹄形斜坡状的窑址。

玉器残件，上有细线阴刻夔龙纹饰　　　　　　　　　石雕跪坐人像

　　1984年3月至5月，四川省文物管理委员会又在距三星堆北面约600米的真武宫西泉坎进行发掘，面积为175平方米，出土了大量的陶器、石器。同时，发现房屋基址，并伴有大量石璧的成品、半成品及废料，从而推测此处很可能是石璧的加工作坊。另还出土了1件双手倒缚的石雕跪坐人像。这年秋天，三星堆考古工作站配合当地砖厂取土制坯，在三星堆第一个堆子北侧又进行了面积125平方米的发掘，出土了数量可观的陶器与石器。

　　通过这些发掘，考古人员深信，三星堆遗址是以川西平原为中心、地方特征十分突出的古文化，时代最早可达距今5000年左右的新石器时代，最晚可到距今约3000年的商末周初。同一个文化在同一地点绵延不断地发展了近2000年，实属罕见。考古人员同时坚信，三星堆遗址有古蜀文明遗留下来的宝藏，但对它们究竟藏在何处却一时深感困惑。

　　在经过多次的考古调查和试掘之后，令人惊喜的收获季节终于来临了。

　　1986年3月至6月，四川省文物考古研究所三星堆考古工作站联合四川大学考古专业师生，对三星堆遗址进行了一次大规模的发掘。这次发掘揭露面积达1325平方米，是历年来发掘面积最大的一次，也是文化层堆积最厚、地层叠压关系最理想、出土遗物最丰富的一次，文化层堆积最厚处达2.5米。

　　发掘以当时残存的半个"三星堆"为基准，进行网状布方。共发掘出9座房屋遗址、101个灰坑，出土了10多万片陶片和500余件铜器、陶器、玉器、石器、漆器等文物。出土的陶器，有类似中原出土的陶盉、陶觚、陶豆，又有蜀地特色的小平底器、陶罐、陶瓮、陶钵、陶壶等，还有制作精美的炊具、饮具和酒器。其中10多件制作精致的鸟头把勺特别引人注目。

　　发掘证明，三星堆和月亮湾方圆6000平方米内出土的文物和房屋遗址的特征相同，它们应是古蜀文化遗址的两个有机部分；位于鸭子河与马牧河畔的三星堆——月亮湾古遗址，方圆约12平方公里，是长江上游成都平原上最为引人注目的大型遗址群。参与发掘的四川大学考古系教授林向后来在《巴蜀文化新论》一书中指出，厚达2.5米的三星堆三区文化层可分为16个层位，为新石器晚期——夏、商、周——秦汉的连续地层，"为研究早期蜀文化建立了科学的分期标尺"。这一地层剖面也因之成为川西平原近5000年来演绎进化的世纪标尺。中国著名的考古学家苏秉琦说："多年来对四川的古文化一直心中无数，现在看到这许多文物，就看到巴蜀文化了。"

"祭祀坑"面世

——时代与性质的讨论

对于四川乃至中国考古学界来说，1986年是一个特殊的年份。这年夏天，在三星堆遗址发现并发掘了两座最主要的祭祀坑遗迹，其规模之大、出土物数量之多、种类之繁、品质之精、内涵之深，为巴蜀文化遗存所仅见。

作家萧易在《寻蜀记：从考古看四川》一书中，曾生动地记述了那个夏天给考古人留下的深刻记忆：

> 1986年夏天的一个黄昏，四川广汉鸭子河上的打鱼人早早吆喝鱼鹰进了船舱，河畔鳞次栉比的砖厂冒出一团团黑烟，飘荡在天空中，久久难以消散，挖土机的轰鸣声令这里的夏天显得燥热无比。多年后，这个燥热的夏天仍留在了许多人的记忆之中。就在这天，砖厂的挖掘机意外发现了惊人的宝藏……

取土挖出"大墓"

三星堆遗址后来那两个震惊天下的大型祭祀坑的发现，缘于当地砖瓦厂民工在三星堆堆子上取土。

一号祭祀坑全景

从20世纪70年代末开始，三星堆遗址所在地南兴乡先后开办了2个大型砖厂和10个小型瓦厂，三星堆成为当地砖瓦厂主要的取土用地。他们的取土方法是从最低的地方向内凹挖，如同挖洞一般，待挖到一定深度时，再用钢钎从土堆的顶端插入向下倒土。用这样的方法取土，可以提高一倍以上的效率，当地人称之为"挖神仙土"。1986年夏天被发现的那两个大型祭祀坑，就是他们在取土时分别挖到了坑底部一角才暴露出来的。

关于这两个祭祀坑的发掘经过，当时的两位发掘领队、四川省文物考古研究所的陈德安、陈显丹后来都曾作了生动的记述，为我们真实还原了这一惊世考古发现的全过程。

1986年7月18日下午，从三星堆土埂南面的南兴二砖厂挖土工地上传来令人振奋的消息，民工在"挖神仙土"时，突然在距地表约2米深的地方发现了几件玉器。这一情况当即被报告给正在三星堆砖厂宿舍整理发掘资料的四川省文物考古研究所的工作人员。

陈德安、陈显丹两位发掘领队闻讯即率考古人员赶赴现场勘察，发现地层断面中暴露出玉戈、玉璋等精美玉石器十余件，玉石器在盛夏骄阳下闪烁着熠熠光泽，地层中还暴露出经火烧过泛白的碎骨渣。

考古人员随即意识到这将是一处重要的遗迹，于是立即保护现场，找来晒席、竹竿和塑料布搭起棚子，并将此情况向四川省文物管理委员会和广汉县委、县政府报告，准备进行发掘。

正式的考古发掘从7月21日开始。面对这一重要发现，考古人员首先亟须对其性质和范围作出判断，以便制定发掘方案。最初判断这里可能是一处重要的"墓葬"，暴露出的这些文物则位于"大墓"的一角。1929年农民燕道诚偶然发现的那个玉石器坑当初被定为"窖藏"，由于原来的埋藏情况和地层依据无从知晓，对后来考古人员准确判断那批玉石器的出土情况造成困难，因而在其年代上众说纷纭，或云新石器晚期至商代，或云春秋时代，莫衷一是。而这次考古人员亲眼看到了出土情况，砖厂挖毁的仅是坑的一角，坑上叠压的厚厚的文化层还完好无损，这正是弄清三星堆遗址玉石器年代的绝好机会。

考古人员决定采用探方法，于是布了2个探方（"探方"是考古上的术语。将发掘区划分为若干个相等的正方格，以方格为单位，分工发掘，这些正方格就叫"探方"）。由于不清楚地下情况和坑的大小，故只先布了2个边长5米的探方，由上往下进行发掘。

至7月24日，探方内的文化层已清理完毕，暴露出坑内和坑道的夯土。黄色的生土和棕红、棕褐、浅黄、灰白相杂的五花夯土（"五花土"，考古学术语，指自然土经开挖和回填二次翻搅，打乱原有层次、颜色界限，变成了糅和多种土层的花土），以及文化层以下的原生土区分界线均十分明显，考古人员的欣喜之情溢于言表。摄影人员赶快由高梯上摄下了这个重要现场，绘图员也立即绘制平面图，以期完整记录发掘过程，以便为日后的研究提供准确的发掘资料。

川西平原的7月，溽暑蒸人，发掘坑内的考古队员个个汗流浃背，发掘工作异常艰难。天边偶然还传来几声闷雷，这让考古人员隐隐担心，如果这时天下暴雨，那将淋坏已经出现的遗迹现象，冲毁探方甚至文物，那将是巨大的损失。于是他们在探方上搭起遮雨棚，还安装了电灯，以便夜以继日地加班发掘清理夯土。

由于夯土十分坚硬，清理起来特别费劲。民工们纷纷议论，当时为什么夯筑得那么坚实呢，里面一定藏着不少宝物，夯得坚实就是怕人把宝物挖出来吧。各种臆测为发掘工作平添了几分神秘的色彩。

7月25日下午，还未等夯土清理完毕，坑东南经火烧得泛白的动物骨渣堆已暴露了出来。动物骨渣与木炭、灰烬混杂，铺满了坑的大半部分。在动物骨渣的表面还放有陶尖底盏、陶器座、铜戈、铜瑗以及玉石器残块等文物。

这时，考古人员发现一个奇怪的现象：坑内出土的这些器物好像都被火烧过，玉石器呈鸡骨白色，铜戈多数已灼烧变形呈卷曲状，有的已熔毁。泛白的骨渣很细碎，有的呈白色，有的呈黑色，有的呈蓝黑色，大的约3—4厘米，小的只有0.2—0.5厘米，几乎没有整块者。

看到这一现象，熟知历史的考古人员当即否定了最初作出的"墓葬"的判断，这应该是古代的祭祀坑遗迹。新发现的种种迹象表明，这些骨渣是古蜀人

青铜人头像（一号祭祀坑出土）　　　　青铜人头像（一号祭祀坑出土）
部分被火焚烧变形，颈部有明显破坏痕迹　　全器经火焚残损，头顶盖脱落

在祭祀过程中采用了"柳"（即将牺牲用棍棒捶死砸烂）、"肆"（即肢解牺牲）、"燋"（即将牺牲杀死肢解后放在火上燔烧）等一系列仪式而形成的"燎祭"遗迹。在发掘中，还发现了珍贵的象牙，有一根残断的象牙靠坑壁竖立，刚刚露出时，考古人员一度还以为是木柱。这些象牙也被火焚过，上面覆盖着碎骨渣和木炭灰烬。

到7月26日，坑底低处的夯土已大致清理完毕。这一带骨渣堆积不厚，铜龙虎尊、铜盘、铜器盖等具有商代前期风格的铜器渐次出土，考古人员的情绪也因此逐渐高涨。青铜龙虎尊在出土时圈足以上的腹至口沿大部分已残缺（现已基本修复完整），在铜尊腹内的骨渣、灰烬中还清理出一件金面罩、一块金料以及铜瑗、玉石器等文物。

更让人激奋的是，后来屡屡引起世人惊叹的各种奇怪造型的青铜人头像陆续出土了。首先破土而出的，是两件面容温和却造型夸张的青铜人头像。它们显然被火焚烧过，颈部有明显的破坏痕迹，但所幸面容完整。在一尊青铜人头像内还清理出一件玉琮。

一号祭祀坑青铜龙虎尊出土现场（左图）及青铜人头像、玉石器出土现场（右图）

从一号祭祀坑出土青铜人头像内清
理出玉琮一件，外方内圆，一端射
部略残，全器经火烧而呈鸡骨白色

紧接着，头戴平顶帽、垂着长发辫和头戴双三尖角头盔、蒙着面罩的多件青铜人头像也一一出现在考古人员面前。它们造型各异，埋藏方式不一：有的面向上，有的面朝下，有的侧放着，但都明显受到过不同程度的破坏。这些青铜人头像在地下沉睡了数千年后，在考古人员的手铲下忽然重见天日，面对这些神奇瑰丽的文物，现场工作人员犹如进入了神幻般的世界。

玉石器为坑内出土数量最多的器物。可以看出，相当一部分玉石器在埋入坑前已被损毁，原本莹润的玉质一经火焚都已色泽斑驳，多数已残断。除玉石器外，还能看见大量被焚焦的大型动物骨骼，考古人员从埋藏的象牙等残迹推测，可能是大象的残骸。

在清理完填土、灰烬、骨渣、木炭后，可以大致看出这个坑内器物的分布情形。较大的玉石器主要堆积在坑的东北角，青铜人头像主要集中在坑的西南端，象牙则由南向北排开，有点像坑内中间的"东西分界线"。

发掘进行到后期，工作越来越细，考古人员蹲在地上，用竹签一点儿一点儿地剔土，生怕流失掉一丝文物信息。同时，为了避开暴雨季恶劣天气的影响，大家不顾酷暑和蚊虫叮咬，夜以继日，加班加点。

功夫不负有心人，奇迹果然出现了。

7月30日凌晨2点30分左右，民工们在清理坑西偏中部的骨渣时，突然，在明亮的灯光照射下，一道金黄色的反光格外引人注目。有人惊喜地喊道："看，金子！"

两位发掘领队闻讯赶来，用竹签和毛刷清理了一下，确认这是黄金制品，上面还刻有鱼纹和其他纹饰，而且其形状弯弯曲曲，似有相当的长度。

面对这一重大发现，考古人员在欣喜的同时也感到有些紧张，于是暂停发掘工作，先用浮土将金器掩盖住。随即现场召开了紧急会议，决定马上派人前往广汉县通知武警中队，请求他们速来保护发掘现场，同时向四川省文物考古研究所报告这一最新情况。

早晨5点多，广汉县委、县政府在接到这一重要报告后，派出36名武警战士赶到现场维持秩序，发掘清理工作在严密的守卫下，继续进行。

一号祭祀坑金杖出土时情形

　　经清理，确认发现的金器是一根象征古代蜀王王权的"金杖"，总长142厘米，上面除刻有鱼纹外，还有鸟纹和头戴王冠的人头像。

　　7月31日，坑内骨渣清理完毕，器物已全部展现在考古人员面前。根据坑内出土文物和所发现遗迹现象，以及坑内没有发现葬具及尸骨等情况，考古人员正式将此坑命名为"祭祀坑"（后被编为"一号祭祀坑"）。

　　8月2日，考古人员陆续起取坑内文物。在此过程中，于器物下又发现了一件金皮人面具和一尊小的青铜跪坐人像。到8月3日晚12点，坑内全部器物起取完毕，并装箱运回驻地。

　　8月14日傍晚，大家回填完祭祀坑，带着丰收的快意正准备返回驻地。这时，一个意外的消息传来，让他们刚刚平静下来的心情再次激动起来。在离这个祭祀坑东南约二三十米的地方，砖厂工人在取土时又挖出了一尊青铜人头像！

二号祭祀坑全景

二号祭祀坑下层铜器出土时情形

　　考古人员奔向现场，发现这应该又是一个祭祀坑，取土断面已暴露出祭祀坑的一角，露出了一个青铜人头像和一个铜罍，铜头像的眼、眉、唇竟然还留有"化妆"的痕迹。

　　又一处地下宝库就这样被发现了，这个坑后来被编为"二号祭祀坑"。其发掘出的文物遗存较之一号坑，更为令人惊叹！

　　经过十余天紧张的工作，二号坑内的文化层堆积清理完毕。此坑夯筑的板结五花土与一号坑极其相似，从发掘中得知，长方形土坑坑口上方有两处被宋人挖凿的痕迹，幸好当时挖得不深，否则坑内的宝物早就不知去向了。

　　夯土快清理完时，祭祀坑东南角暴露出个大型兽面像的下颌缘，因其倒置于坑角，高过坑内的所有器物而首先露了出来。接下来展现在人们面前的是满坑的象牙，一根、两根、三根……数十根象牙纵横交错、密密实实，简直令考古人员无从下手。大家只好蹲在坑中搭起的木板上，垂着身子，小心翼翼地用竹签清理象牙缝隙中的泥土。

二号祭祀坑中青铜罍出土时，内装有玉凿、玉管、玉珠等玉器

　　在象牙层下方，满坑的珍宝令人目不暇接，包括形体高大、纹饰繁缛、制作精美的青铜尊、青铜罍，扮装各异的青铜人头像，大小不等的青铜人面像，眼睛外突的纵目青铜兽面像，身躯断开的青铜立人像，闪闪发光的金面罩、金面铜人头像，神奇的青铜树，以及玉环、玉璧、玉璋、玉戈、玉管、玉珠等众多玉石器。一时间犹如打开了古蜀国宝库的大门，满目奇珍，令人目眩。其中，许多青铜器型体硕大，其造型更是前所未见，这令考古人员惊奇不已。

　　在起取坑内器物时，陆续又有新的发现。如在坑西北角戴黄金面具的青铜头像内装有大量海贝；在坑东北角出土的铜罍中倒出了大量的玉器，计有62件，器型包括玉凿、玉刀、玉珠、玉管穿、舌形玉器、玉瑗等；在清理一座青铜尊时，又发现了3件形状似鱼形的金箔饰件。

　　9月17日傍晚，在将坑中部向东北端的一层海贝清理完毕之后，整个祭祀坑的野外作业方宣告结束。从7月18日民工取土发现玉器始，到二号坑发掘结束，两个祭祀坑的野外发掘工作持续了整整两个月。

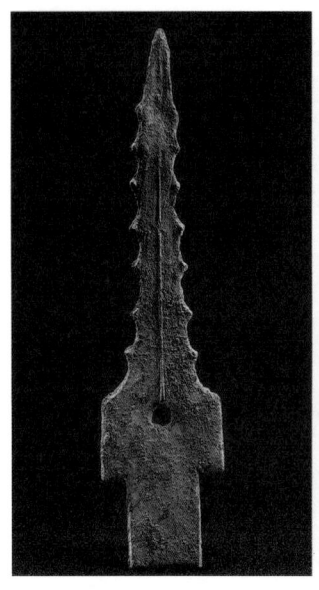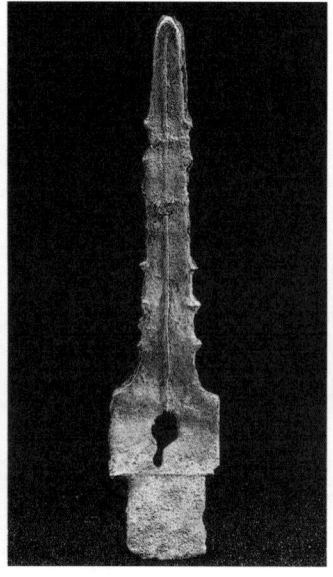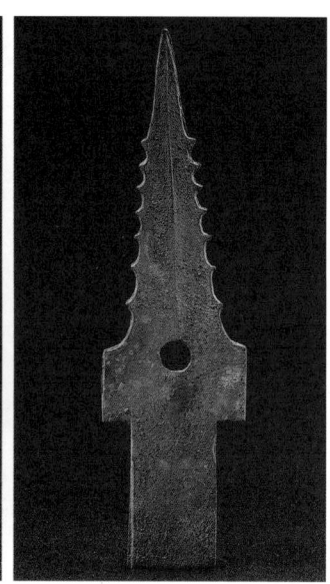

一号祭祀坑出土铜戈（左、中），二号祭祀坑出土铜戈（右）

"祭祀坑"探秘

如果换个角度看，这两个祭祀坑只是再普通不过的土坑而已，外形都是长方形，口大底小，很像考古发掘中常见的墓坑，面积也都不大。一号坑坑口长4.5—4.64米、宽3.3—3.48米，坑底长4.1米、宽2.8米，深1.46—1.64米；二号坑比一号坑略为窄长一些，位于一号坑之南，相距二三十米，坑口长5.3米、宽2.2—2.3米，坑底长5米、宽2.2—2.3米，坑深1.4—1.68米。二者的相同之处是，坑内均用五花夯土回填，层层夯实，十分板结。

然而有谁能想到，这两个看似不起眼的土坑里面，竟然埋藏了这许多文化含量极高的古蜀文化遗珍。

一号坑共出土各类器物500余件。其中玉石器最多，计有199件，其中玉器129件，种类不少，有璋、戈、剑、锄、佩、凿、斧、锛、斤、璧、瑗等。青铜器出土178件，种类也相当丰富，有人头像、跪坐人像、人面像、龙柱形器、龙形饰、

青铜龙柱形器（一号祭祀坑出土）
一龙昂首立于器顶，其下身垂于器壁，尾上卷；龙口大张，露齿，做啸吼状，龙口下有一撮"山羊胡"，两巨耳间有犄角一对。此器可能为套在木柱顶端的附件

青铜虎形器（一号祭祀坑出土）
虎身呈圆形，四足立于一圆圈上，虎口张开，上下齿外露，两耳特大，尾高高耸立

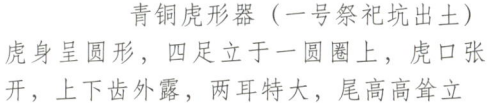

二号祭祀坑青铜人面像出土时情形

工作人员合力将大型青铜纵目人面像抬出二号祭祀坑

虎形器、龙虎尊、缶、盘、器盖、戈、瑗等，有些器型还是两个祭祀坑中独有的。陶器39件，器型有尖底盏、平底盘、器座等。出土金器4件，包括金杖、金面罩、金箔虎形器、金料块等。出土的金器虽然数量不多，却最为引人瞩目，其中最吸引人的自然是那根熠熠闪光的金皮杖了。关于这根金皮杖的性质，究竟是权杖还是巫师所用的法杖，后来还引发了一场争论。

除了以上这些出土器物，一号坑内还出土象牙13根、海贝62枚。值得注意的是，坑中还埋藏了约3立方米的烧骨碎渣。

回顾发掘过程可以发现，这些文物及烧骨碎渣都是由土坑的一侧呈坡状放入坑内的。虽然这些器物在坑中分布比较杂乱，看不出什么规律，但从各种器物互相叠压的情况来分析，可知最初埋藏时是按一定次序将这些器物放入的。发掘者推测，最先放入坑底的是玉石器（因玉石器大都在坑底发现），然后依次放入金皮杖和青铜人头像、青铜人面像、青铜罍、青铜尊等大型铜器，再倒入碎骨渣，最后放置铜戈、铜瑗、陶尖底盏、陶器座等。

在发掘中，一个特殊现象引起了考古人员的注意。即所有器物在埋入土坑之前都经火烧过。如多数青铜人头像颈部都被烧成半熔化状向外卷起，青铜龙虎尊的口沿及腹部一侧已熔化无存，铜戈、铜瑗也多数被烧变形，有几件还被烧熔粘连在一起，玉石器则多数被烧炸裂残断，有的侧端已被烧成鸡骨白。此外，大量的烧骨碎渣，更是火焚的重要见证。

从古代文献和甲骨文中的记载来看，古时确有将祭品、祭器和牺牲放在火上烧燎的祭祀方式，称为"燎祭"。考古学者推测，三星堆祭祀坑这种入坑前将器物、祭品用火焚烧的现象，也是古代"燎祭"的遗迹。

经过科学测试后确定，在一号坑中发现的烧骨碎渣均为大型动物骨骼，不含人骨，这就进一步排除了"墓葬坑"之说。另外从骨渣残迹观察，多数色泛白，少数呈蓝黑色。这说明当时在"燎祭"中使用的牺牲，是杀死放血后再焚烧的。由于这些烧骨渣细碎均匀，可知并非直接焚烧全牲而致，很可能是如甲骨文中记载的"卯牛""卯羊""卯牢"等用牲方式，即用椎击杀牛、羊，分解后再献祭。

青铜龙虎尊（一号祭祀坑出土）

　　发掘者由此推断一号坑当为祭祀坑遗迹。而且由于坑中出土的器物如此丰富，进一步推断其时举行的并非一般性的祭祀活动，而很有可能是数十年乃至上百年举行一次的盛大祭典，否则不可能有这样豪奢、恢宏的祭祀场面。若此推断成立，一号坑当为巴蜀文化中首次发现的古代祭祀坑遗迹。

　　二号坑的堆积情况与一号坑有很大区别。一号坑中的堆积主要是用大量骨渣、木炭、灰烬和毁坏的范土覆盖在坑内器物之上，一些被打碎的陶器和青铜器内的范土也夹杂其间，然后再覆盖五花土夯实。二号坑内则是直接用五花土夯填在器物之上。

　　二号坑内的器物堆积比一号坑更为复杂。根据观察，这些器物似乎也是根据质料按次序埋入坑内的。堆积的器物共分为三层。最上一层放置的是象牙，共有60余根，几乎覆盖了整个祭祀坑；第二层主要是大型青铜器和较完整的青铜容器，种类有铜尊、铜罍、人头像、人面像、兽面像等；最下一层主要为大型青铜器残部件，如铜树、挂饰、眼形器、太阳形器以及戈、瑗、兽面像等。海贝装入铜尊内，玉凿、玉瑗等玉器装在铜罍内；而玉璋、玉戈等大型玉器和一号祭祀坑一样，是从坑口东南方的一侧放入的。

　　虽然当初这些器物是按质料依次埋入坑内的，但呈现在考古人员面前的却是纵横交错、互相叠压的零乱景象。如一件巨大的纵目青铜面具倒扣在坑内，最先露出的是它的下颌边缘，考古人员一时还不知是何物，待全面清理出土，才得以窥其全貌。面具下压着一件残破的青铜尊，尊内装有许多动物形挂饰，以及挂架、铜铃等。青铜尊口沿右侧则是一件倒扣的中型青铜面具，上面还搭着树叶形的金箔饰件。那件后来令世人惊艳的戴金面罩的青铜人头像，出土时其额部被一件青铜罍的口沿顶着，锈蚀十分严重。

　　二号坑出土器物较之一号坑更为众多，出土金、铜、玉、石等各类文物总数将近1500件，且造型丰富。青铜器占其大端，总数达735件，其器型除了一号坑也出土过的跪坐人像、人头像、人面像、尊、戈、瑗外，另出有一尊高达2.61米的大立人像、一件高近4米的青铜神树，以及兽面像、彝、罍、眼形器、眼泡、太阳形器、铃，还有各种挂饰，真是琳琅满目。二号坑出土玉石器

青铜兽面纹罍（二号祭祀坑出土）

青铜四鸟四兽罍（二号祭祀坑出土）

青铜六鸟三牛尊（二号祭祀坑出土）

青铜三牛尊（二号祭祀坑出土）

青铜大立人像出土情形

504件，形体普遍较小，仅玉珠、玉管穿、绿松石就有383颗，其他多为玉凿之类的细小玉器，少有类似一号坑中较大形体的玉戈、玉璋等器型。不过二号坑中出土了一件重要的玉"祭祀边璋"，长54.2厘米，上宽8.8厘米，下宽6厘米，上刻有祭祀图案。二号坑也出土有金器，数量多达61件，器型有叶形金箔、璋形金箔、金面罩等。此外，还发现象牙67根、象牙珠120颗、象牙残片4片、虎牙3枚，以及大量的海贝（总数达4600余枚）。

和一号坑的情况大致相同，二号坑出土的器物亦均经火烧，但奇怪的是，在二号坑内没有发现烧骨渣，甚至连火烧的灰烬也很少见，另外，在二号坑内未发现陶器。

值得注意的是，大立人像、人面像、兽面像、铜罍、铜尊等大型铜器，除经火烧过外，还曾被有意砸击毁坏。如那件后来被誉为世界最高青铜人像的大立人像，最初被发现时是断成两截躺在坑底的。另一个值得注意的现象是，这些器物原来多数都经过彩绘或朱漆。如铜人头像、铜人面像等的眼眶、眉毛都经描黛色或蓝色；口部、鼻孔、耳垂孔都涂有朱色；铜罍、铜尊的兽面纹饰上，也有涂朱色的。另如铜人头像，发辫上端铸造的捆扎宽带上绘有数条蓝色平行线纹饰，眼球上绘有回字纹，骨珠上绘有云雷纹，可惜在掩埋过程中，大部分彩绘均已脱落。在青铜人面像、眼形器、太阳形器等铜器上还铸有安装用的穿孔，由此看来，这些器物当是一些需与其他器物配合使用的附件。它们原来应属于庙坛用器，基于某些原因，砸烂后又待之以祭祀的礼仪并加以审慎处理后，埋入坑内。

从两个坑的埋藏物来看，其"祭祀坑"的性质虽然相同，但在内涵上还是有着不少差别。一号坑以玉石器为主，重器为大型玉边璋，另出土有金杖。二号坑则主要是青铜器，其重中之重是青铜神树、大立人像和大型纵目人面像。一号坑除了10余个青铜人头像外，只发现了一件很小的人面像（高7厘米、宽9.2厘米）和一件残缺的小型面具（高14.9厘米），没有大型青铜面具出土。而二号坑则有大量的青铜人头像和青铜面具，其中一件青铜面具高66厘米、宽138厘米。一号坑只出土了一件高15厘米的青铜跪坐人像，而二号坑出土青铜人像众多，从10余厘米到261厘米高低不等。

虽然存在着这些差异，且二号坑出土器物在数量和种类上都大大超过了一号坑，但从出土的主要器物来看，还是显示了两者的某种"一致性"。比如，两坑均出土有真人大小的青铜人头像、金面罩，两坑均出土有相同形制的玉石器、象牙、铜瑗、铜锯齿形戈等，且两坑埋藏物都是火烧、砸坏后再入坑的，两坑的朝向也都相同（均为北偏东35度）。

有鉴于此，考古人员将它们均推断为祭祀坑遗迹，并分别命名为"一号祭祀坑""二号祭祀坑"。

是何时古迹

考古人员在发掘完这两个祭祀坑后，就开始考虑两个问题。其一，这两个祭祀坑究竟是什么时代的遗存？其二，两个祭祀坑内器物是同时埋藏的，还是由不同时段分别埋藏的？

在将坑中出土的青铜器与国内其他地区殷商时期遗址出土青铜器作了比较研究后，发掘者得出了这两个祭祀坑应为商代遗存的初步判断。

而后一个问题看似简单，却相对比较难回答。两个祭祀坑出土的器物种类和数量差异较大，二号坑中又没有像一号坑那样的时代文化特征明显的陶器，两个坑内埋藏器物年代的可比较性并不十分明显。因此，学界就有了"两坑不同时"和"两坑同时"二说。

祭祀坑的发掘者认为两坑埋藏的时间有先有后。他们结合三星堆遗址的发掘，在作了地层学和类型学的综合考察研究后，在发掘报告中提出了初步结论——一号祭祀坑的掩埋时间相当于殷墟文化第一期（商代早期），二号祭祀坑的年代大致相当于殷墟二、三期（商代中晚期）。

根据1980年，以及1982年至1984年的发掘，考古人员初步将三星堆遗址的文化堆积分为四大期。第一期的年代在新石器时代晚期的范围内，第二期的年代大致在夏至商代早期，第三期的年代相当于商代中期或略晚，第四期的年代约在商代晚期至西周早期。根据一号祭祀坑发掘出土情况，其地层堆积可分为六层（在考古学上，地层越上者时代越晚）。从各层的包含物来看，第一至第三层属近现代，第四层属宋元时期，第五层出土陶片绝大多数为夹砂褐陶，器颈、肩处施粗凹弦纹，这些特点属三星堆遗址第三期后段特征，其中的细高柄豆、圆唇鼓肩小平底罐、尖唇瓮等又是第四期前段的常见器型，故推测第五层的时代应相当于三星堆遗址第四期的前段，即商代晚期至西周早期。而第六层出土陶片的陶质、陶色与第五层相同，大致相当于三星堆遗址第三期后段，即商代中期。一号祭祀坑开口于三星堆遗址第五、六层以下，从地层的叠压打破关系分析，发掘者认为一号坑年代的下限不会晚于三星堆第三期后段。

再从出土器物的类比来看。由于出土的青铜人头像、人面像等为国内首次发现，无资料可供参鉴。而玉璋、玉戈等玉器，从器型特征看，有的可早至夏代（有二里头文化特征），有的又晚至殷墟时期（商代），跨度较大，故也无法作为断代标准物。因此只有出土的陶器和青铜容器才是较为科学的断代依据。

在一号坑出土陶器中，广肩平底陶罐和颈部施凹弦纹的陶壶是三星堆遗址

青铜盘残件（一号祭祀坑出土）
宽平沿，薄唇，腹外饰三周凸弦纹，弦纹间又饰以连珠纹

第三期的典型器物，而陶尖底盏、陶器座则是第三期偏晚出现的新器物，其形制特点与三星堆第四期同类出土器物明显不同。故进一步推测此坑的年代为三星堆遗址第三期后段。在出土的青铜器中，青铜罍的形制、花纹与河北藁城台西村商代墓室出土的铜罍相似；青铜尊的形制、花纹和铸造工艺与安徽阜南月儿河段打捞出的商代前期龙虎尊一致；青铜盘为宽平沿，薄唇，腹外饰三周凸弦纹，弦纹中又饰以连珠纹，这些都呈现出商代前期的形制特征。因此，考古人员推测一号坑的相对年代相当于殷墟文化第一期（商代早期）。

再看二号坑。二号坑坑口上方的地层堆积可分为五层，其开口于第五层下，并打破生土层。二号坑虽与一号坑同处一个区域（相隔仅二三十米），但一号坑开口于发掘区的第六层，而二号坑则开口于发掘区的第五层下，就地层关系来看，二号坑显然晚于一号坑。

由于二号坑也是器物埋藏坑，仅靠地层学判断年代显然是不够的，也须对其出土器物从类型学上进行比较研究。考古人员在对二号坑器物作了初步整理后指出，"在二号坑中出土的遗物中，提供判断年代依据的器物主要是铜尊、

青铜尊残件
（一号祭祀坑出土）
器身饰兽面纹，肩部铸有三
个牛头，其形制、纹饰、铸
造工艺与中原地区商代前期
同类器相似

青铜罍残件
（一号祭祀坑出土）
器身饰云雷纹和兽面纹，
与中原地区商代铜罍相似

青铜鸟形饰（二号祭祀坑出土）

罍等容器及大型青铜立人像、青铜树上的鸟及其他纹饰。但上述器物的时代差距较大，我们选择其中铸造年代最晚的，作为此坑下埋年代的上限"。他们认为，二号坑出土的玉璋、玉戈、玉瑗等与一号坑所出者相比，体形长、大而厚重；青铜头像比一号坑出土的种类增多，造型也有变化，显得更为成熟，因此其时代应比一号坑晚。二号坑出土的青铜尊多为侈口，高领，束颈，鼓腹，圈足上镂方形或长方形孔，这种形制的尊主要流行于商代晚期。在大型青铜立人像的座上出现了圆圈纹和三角形云纹，在其他部分残器上还发现类似环带纹的纹饰，这些纹饰特征均与晚商文化特征相同，约相当于殷墟文化二、三期。再从二号坑出土的大量鸟形饰物的形象来看，头上部都有冠，且钩喙，尾上翘。而殷墟文化一、二期所发现的鸟纹，头上都无冠羽，尾普遍下垂，直至殷商末期，容器上的鸟纹才普遍出现有冠、尾上翘的形象。故就鸟纹而论，二号坑的时代也晚于殷墟一、二期。综上所述，发掘者判断二号坑的年代相当于殷墟二期至三、四期之间（商代中晚期）。

小型青铜神树上的青铜立鸟
（二号祭祀坑出土）
头上耸立三支冠羽，钩喙，喙中穿有
一铜丝环，可能原另有小型挂饰

青铜神树上的青铜立鸟（二号祭祀坑出土）
大眼尖喙，鸟冠及尾羽残断

发掘者对于三星堆遗址两个祭祀坑时代的判断分析，得到了考古界学者的基本认同。著名学者李学勤对三星堆出土青铜器纹饰做了深入研究后认为，"三星堆两座器物坑所出青铜器的年代，与两座坑本身的年代，即由有关碳14年代推定的一号坑相当商文化的殷墟早期，二号坑相当于殷墟晚期，是互相一致的。这说明当地的文化（蜀文化）发展是与商文化的发展平行的，彼此的影响传播是畅通的"。考古学家俞伟超也在《三星堆文化在我国文化总谱系中的位置、地望及其土地崇拜》一文中指出："从总体看，三星堆的遗存，主要是相当于商时期的。其中的两个祭祀坑，则是相当于殷墟阶段的。这时期的蜀文化，已接受了大量商文化的影响。"

也有学者提出了"一号、二号坑可能是同时埋藏"的看法，他们认为，一号坑出土遗物多为宗庙内陈列器物，可能是宗庙祭祀器物埋藏坑，二号坑内遗物则反映的是"太阳崇拜"，应为神庙中的陈列品。当时可能发生了战乱或某种突发事件，导致宗庙、神庙同时被毁，从而同时形成了两个器物埋藏坑。不过"两坑同时说"没有得到学界的普遍认同。仅从金杖等少数器物难以划清宗庙和神庙的界限，食器、酒器本应为宗庙中的代表性陈列物，却于二号坑中所见更多，故这一观点只是暂存一说。

另外，对"两个祭祀坑时代属于商代"的总体判断，曾经也有学者提出异议。理由是，发掘者对两个祭祀坑年代的推断主要依靠交叉断代法，即根据坑中所出器物呈现出的与其他地区所出已知年代器物相同的艺术风格来做出判断。但由于三星堆遗址地处西南边陲，距离中原或江汉地区较远，将相距较远的不同地区这些貌似相同的器物或纹饰风格用来类比是否合适，它们在传播的过程中有没有时间上的差距，会不会存在一个"滞后期"？基于以上的认识，有学者提出三星堆两个祭祀坑的年代，可能为西周后期或晚至春秋时代。

不过，经过30余年对三星堆遗址的持续考古发掘和研究，目前对其年代定为商代晚期已成为学界的共识。

相对于两个祭祀坑年代的争论，关于其性质的讨论更是众说不一。这直接反映在对两座坑的定名上，从已经发表或出版的论文、著述中看，叫法甚多，

二号祭祀坑揭开第一层象牙堆积
后，下层青铜器清晰地显露了出来

除"祭祀坑"外，又有"器物坑""葬物坑""厌胜埋藏坑""窖藏坑""墓葬"等不同说法。

"祭祀坑说"是目前学术界比较主流的看法，最早由发掘者提出，并在随后发表的发掘简报中以之命名。其主要理由如下：

一、青铜人面像和人头像应该都是祭祀品。从过去的考古发现来看，商代祭祀主要有"人祭"和"杀牲祭"两种，而以"俑"代替人牲作为祭品则尚无发现。在殷墟妇好墓中，随葬的玉人、石人似乎可以看作是以"俑"代替人殉的发端。三星堆一号祭祀坑内出土的青铜人头像，颈部做成倒三角形，出土时有的内装海贝，有的内插象牙，且均被火烧过。这种情况，反映出它们不像是作为祭祀对象——"神祇"，而更像是作为祭品——"人祭"的替代品。之所以将其颈部做成倒三角形，很可能是用其象征被杀的"人牲"。

二、出现烧骨和器物被焚毁现象。"燔燎"的现象在过去的考古发现中很少见，仅在殷墟两组基址内发现有"烧牲祭"。但甲骨文中有关"燎祭"的卜辞却屡见不鲜，祭祀的名目相当繁多，对象亦很广泛，祭品尤为丰盛，可见"燎祭"是隆重的盛大祭典。三星堆一号祭祀坑内瘗埋了约3立方米经火燔燎敲碎的骨渣，出土的金器、青铜器、玉石器、陶器、象牙、海贝等亦均用火烧过。发掘者认为，这些遗物是在举行一次规模盛大、祭典隆重的"燎祭"活动后瘗埋下的。有人据甲骨文研究，认为"燎祭"的对象主要是自然神祇，偶及先公、先王等人鬼，三星堆一号祭祀坑既使用"燎祭"，再将燔燎后的祭品瘗埋，故推测祭祀的对象是天、地、山、川自然神祇之一，而祭祀先公、先王等人鬼的可能性很小。

至于二号坑，发掘者认为其"进一步反映了古代蜀族的祭祀规模和祭祀内容"，亦应是祭祀坑。经半个多世纪的调查发掘，在三星堆遗址附近没有发现墓葬区，两坑周围也没有发现墓葬，故其作为墓葬陪葬坑的可能性很小；古籍记载古蜀历史上杜宇、开明两个王朝曾有禅位政权变更，但似乎没有发生过将宗庙彻底"犁庭扫穴"的剧烈事件，况且坑中遗物投放都有一定顺序，是有目的和规律的，并非盲目和任意的；出土的青铜人头像、人面像、神树以及玉

二号祭祀坑内残损的青铜器堆叠在一起

二号祭祀坑内残损的青铜纵目面具、青铜鸟头及烧焦的象牙

璧、瑗、璋、戈等，都应是祭祀用品，这些都为判断二号坑的祭祀性质提供了证据。尤其是二号坑出土的遗物均有火烧过的痕迹，结合文献记载，考古发掘者推测，"当时的祭祀应有'燔燎'祭天、'瘗埋'祭地、'庋悬'祭山等形式，二号坑正是一次重大综合祭祀活动的遗存"。

但"祭祀坑说"也受到了学界一些质疑。

针对发掘者提出"祭祀坑说"的两大理由（坑中出土了大量祭祀用的礼器；坑中器物都经火烧，为"燎祭"遗迹），质疑者指出，两个坑中出土遗物种类较多，不仅有用于祭祀的礼器，也有神树、神坛、神殿、青铜立人像、青铜人头像、青铜面具和金杖等大量宗教神物。这些宗教神物本当长期供奉于宗庙，本身就是祭祀供奉的对象，将它们作为祭祀品一次性埋掉，情理上说不通。更何况古时祭祀是经常性的，一次祭祀就毁掉如此多的国之重器，其国力何以承担？就连强大的商王朝也不至如此。商王朝的祭祀遗存已有大量发现，多为排列密集而整齐的深坑，所用祭品均为牲和玉器。如殷墟小屯发掘的宗庙遗址，前面分布着两组祭祀坑。其中，仅北组就有祭祀坑49座，包括5座车马坑，不少坑内有头颅被砍的殉人残骸，及羊、犬等牲畜遗骸。而甲骨文中提到的有关商人"燎祭"的记载，也几乎都是用牲。综合以上情况，有学者认为三星堆这两个器物坑的性质不是祭祀所用，而是另有原因的埋藏。

于是，出现了几种代表性的不同看法。

不祥宝物掩埋坑说。北京大学考古系教授孙华认为，虽然两坑所出器物多与祭祀活动有关，但并不意味着它就是祭祀坑，而很可能是古蜀国两座蜀王神庙器物的掩埋坑。一号、二号坑之间存在一定的时代差距，应正为一位或两位蜀王的统治年限，坑中所埋之物有可能是已故蜀王或旧时代蜀王神庙中的东西，新王用之不祥，故将其掩埋。

亡国宝器掩埋坑说。这一说法也称"犁庭扫穴毁其宗庙说"，即认为两坑是征服了三星堆的战胜者将其"犁庭扫穴"的结果。在中原夏、商、周时期，的确曾发生过这种国破庙毁的惨剧，如《国语·周语》中所载，"人夷其宗庙，而火焚其彝器，子孙为隶"。但反对这种观点的意见则认为，战胜国多半

青铜人面像（二号祭祀坑出土）

二号祭祀坑第一层堆积着大量象牙，纵横交错地叠压在青铜器之上

不会轻易将所获重器毁埋，反而应是取而宝之、用之的可能性更大。

厌胜埋藏坑说。此说与前述的"亡国宝器掩埋坑说"有些类似。所谓"厌胜"，即"厌而胜之"，是古代一种巫术，系指用法术诅咒或祈祷以达到压制人、物或魔怪的目的。持此论者认为这两个坑是古蜀历史上杜宇灭鱼凫后，杜宇氏用鱼凫氏的礼器来祭祀自己的祖先而设的带厌胜性质的埋藏坑。

窖藏说。此说以四川彭州一带及三星堆遗址发现的多处青铜器窖藏为据，指出两坑形制及器物放置方式与中原祭祀坑不相一致，认为可能是灾祸骤起，主人将器物埋藏后弃窖而逃，其时代背景在杜宇、开明交替之间。这一说早在冯汉骥、童恩正撰写的《记广汉出土的玉石器》一文中即有提及。

失灵神物掩埋坑说。四川大学考古系教授林向从民族学材料入手，从古代巫术的概念出发，认为这两坑所埋器物是因神像"不灵"而被加以打击、丢弃或烧毁，以此来刺激灵物者。古代对失灵的偶像进行惩罚的事例屡屡有之，如英国人类学家弗雷泽在民俗学著作《金枝》中记载，清末广东的官吏因祈求龙王爷停止没完没了的瓢泼大雨未达目的，于是就把龙王塑像锁押起来整整五天。

盟誓遗迹说。考古专家王仁湘则根据坑中兽骨在牺牲前都曾放血这一事实，判断这是古代盟誓歃血的结果，从而推断两坑为古代盟誓遗迹。此外，大量使用玉器也是古代盟誓的通例。分属不同部族的青铜偶像同时出土，这种现象也只可能在盟誓时才会出现。因此他认为坑中出土的青铜制品不是经长期陈列的宗庙祭器，而是盟誓器。

蜀王大墓说（或称"墓葬陪葬坑说"）。持此论者认为，两坑是埋藏死于非命的蜀王的墓葬。虽然一号坑内发现的大量烧骨被确认为是动物骨渣，但也不应排除有人体骨渣混杂其间的可能性。另一个具有说服力的依据是，为什么蜀王生前使用的金杖会被埋入坑中？从中国传统丧葬习俗进行考察，这种君王平时使用的随身之物，只有在一种情况下可能被埋入地下，那就是随葬。另外，从青铜大立人像、青铜人头像、青铜面具内遗存的泥范来看，它们在埋葬前似未在庙堂中使用和悬挂很长时间，而是刚被铸造出来不久。它们被临时集体铸造，正是为了应付"蜀王暴亡"这一突发的重大政治事件。

封禅遗迹说。这一说法颇为新鲜。封禅是中国上古时代一项极为重要的典礼，流行于东周时期，系朝代更迭时，受命而王的君主遍告天地诸神而举行的隆重祭祀活动，相当于后世的登基仪式或开国大典。持此说者的主要依据是，两个祭祀坑的埋藏时代不同，有先有后，传说、记载中古蜀王朝之间的权力更替似乎不具有浓烈血腥的成分，大型的战争极少发生，有的只是如"尧舜禅让"一类的和平交接。两坑时代不同，正代表了两次不同的封禅仪式。

由于没有明确的文献记载作为佐证，关于三星堆两个器物坑性质的争论迄今仍未停止。综合来看，尽管"祭祀坑说"为大多数人所接受，但也存在不少的疑点和不尽合理之处，因此有人倾向于用一个中性的词，比如"掩埋坑"，或者"埋藏坑"来对其界定。不过较之其他诸说，似乎"祭祀坑说"更具有说服力一些。这些争论从一个侧面也反映了三星堆古蜀文明内涵之丰富多彩。这是一个湮没的辉煌文明，如此灿烂、神秘、独特，有着许多令人匪夷所思的未解之谜，它正向世人展示着穿越时空的巨大魅力。

最新的发现

自1986年那个闷热的夏天发现一号、二号祭祀坑以来，30多年过去了，关于三星堆的话题似乎一度陷入了沉寂。直到2019年秋，随着四川省启动"古蜀文明保护传承工程"，考古人员又在三星堆遗址内陆续发现了6座祭祀坑。随着考古新发现的披露，三星堆这个古老神秘的文明再次引起了世人的关注。

新发现的6座祭祀坑与1986年发现的一号坑、二号坑相距不远，均位于三星堆台地的东部，周围还分布着与祭祀活动有关的圆形小坑，及矩形沟槽和大型沟槽式建筑。人们或许觉得好奇，它们相距如此之近，为什么在当年那次轰动天下的发掘中却未曾被发现呢？

三星堆考古工作站站长、四川省文物考古研究院研究员雷雨对此做了解释。当年砖厂取土意外发现了文物，此时，遗址已遭到破坏，于是考古人员紧急对现场进行了抢救性发掘。之后，三星堆遗址得到了很好的保护，抢救性发掘的紧迫性就不存在了，但考古人员对文物和遗址的整理研究工作一刻也未曾停歇。因为不少器物都是前所未见，故而这项工作难度很大，进展缓慢，单是对第一套青铜神树（一共出土了6株神树）的修复就耗费了近十年时间，所以大家也没有精力再去寻找新的祭祀坑了。

其实，考古人员也曾多次在一号坑、二号坑周围探寻过，但都一无所获。因为那时在遗址上正搭建着一个巨大的展示平台，无意中把那6个祭祀坑遗址给密密实实地罩住了，老天爷调皮地和大家开了一个玩笑。

转机出现在2019年。考古人员再次在一号坑、二号坑附近开展了细致的勘探发掘工作。这次运气比较好，碰到了其中一个坑（后来被编号为"三号坑"）的一角，露出了一个青铜尊的冒头，这才陆续有了后来更多惊人的发现。

考古人员从2020年10月开始对新发现的6个祭祀坑进行正式发掘，至2022年6月，发掘工作全部结束，累计出土编号文物近13000件，近完整器超过3155件。

跟1986年发掘的一号坑、二号坑相比，6个新发现的祭祀坑形制与方向没有大的变化，出土文物基本类似，但也有一些新的特点，且每个坑的出土物各有侧重。如五号坑的金器较多，四号坑出土象牙较多，三号坑则青铜器较多。

2020年12月，考古人员在五号坑中发现了众多金箔碎片，其中有一片体量很大，显得特别突兀。在文物修复专家手中，这块皱褶严重的金箔片被慢慢展开，真容一点点显现——这不是普通的金箔，而是一件黄金面具，虽然有所残缺，仅剩半张，但金光灿灿，十分夺目。

这半张残缺的黄金面具，宽度约23厘米，高约28厘米，比2001年在金沙遗址发现的黄金面具还大。它显得格外厚重，不需要任何支撑便可以独自立起。专家估算，这件黄金面具若是完整，整器重量将超过500克，那将比目前国内出土的最重的商代金器——三星堆金杖（重463克）还要重。这件黄金面具与一号坑、二号坑中出土的金面具相比，形制上差别不大，都是方形面部、镂空大眼、三角鼻梁，也同样有着宽大的耳朵，耳朵上还有钻孔。

三星堆遗址五号祭祀坑中发现的半张残缺的黄金面具

五号坑中出土的另一件让人惊喜的器物是"鸟形金饰片"。考古人员发现它时，其上覆盖着泥土，与另一金片叠压成一团，很不显眼。待小心细致地清理，将其努力展开后，一件长约30厘米、宽约18厘米精美的飞鸟形金饰片呈现在众人面前。鸟形金饰片做工精巧，整体厚度仅为0.12毫米，金鸟的脖子、翅膀、尾羽保存完整，头部似有残断，可能原有鸟喙或冠饰。专家推测，它可能是贴在器物表面以作装饰之用。

与五号坑出土小巧的金器不同，三号坑中则出土了数十件造型精美、保存相对完整的青铜器，俨然又是一座青铜器的宝库。

青铜圆口方尊，高约70厘米，体量巨大，方尊上面饰有羊头，因而被考古人员戏称为"三星堆版四羊方尊"。而有意思的是，在今台北故宫博物院收藏有一件"牺首兽面纹圆口方尊"，无论体量、形制、纹饰，与之极为相似，简直就如"孪生兄弟"一般。三号坑还出土有青铜面具，体量大且保存完整；另外，还有形式多样的青铜人物雕像，它们与1986年发掘出土的青铜雕像风格一

三星堆遗址三号祭祀坑中，大量象牙与青铜器叠压在一起

三星堆遗址三号祭祀坑中青铜方尊出土时情形

三星堆遗址三号祭祀坑出土的青铜方尊局部纹饰

青铜顶尊跪坐人像双手手型与此前出土的所有造像迥异，呈"拱手状"；铜人头顶一尊，尊的肩部饰有飞龙

致，文化内涵亦相近。这些器物，不仅有着非凡的艺术价值，而且因其数量众多、保存完整，对了解古蜀国祭祀活动、还原当时的祭祀行为也有着重要的学术参考价值。

三号坑文物堆积异常丰富，一些器物呈现的形态颇为奇异，前所未见，发掘者一时竟叫不出合适的名字，只好戏称之为"奇奇怪怪青铜器"。"顶尊跪坐人像"便是罕见的青铜器造型。上部的尊是正常大小，其肩四周装饰了4条飞龙，栩栩如生，它们从尊的口部游动而下；下部可见一铜人，双手做拱手状，头部和尊的底部连接在一起。这件文物充分体现了古蜀先民浪漫的天性和非凡的艺术创造力，他们将中原青铜文化为我所用，并进行了天马行空般的改造，形成了自己独特的艺术风格。

在新一轮的考古发掘中，大量的象牙可谓是一大收获，其数量和集中程度远远超出了考古人员的预期，这在三号坑与四号坑中表现得尤为突出。其中，在长3.1米、宽2.9米的四号坑中，120多根平均长度在1.2米左右的象牙交错堆积在一起。这些象牙被包含大量竹木炭屑的灰烬层所覆盖，整体呈炭灰色，可能被焚烧过。考古人员初步判断，它们都是三星堆文化末期距今3000多年前的遗物。在古代，象牙象征着一定身份和地位，如此众多的象牙集中出土，也预示着祭祀坑的重要性。另外，在五号坑和八号坑中还出土了小件象牙制品，有的表面上还刻画着精致的云雷纹。

在四号坑中，考古人员发现了一件玉琮。由于经过灼烧和长时间埋压，玉琮口部有轻微破裂，但整体仍较为完整，且玉质细腻，其表面磨制光滑，没有纹饰。在三号坑中，则发现了一件神树纹玉琮。玉琮由整块灰白色玉料加工而成，对应的两侧有线刻神树纹样，刻痕甚浅。带有神树纹的玉琮前所未见，为今人研究古蜀社会中神树的意义、象征等问题提供了重要依据。玉琮象征着"天圆地方"，其上下贯通的虚空内圆意味着苍天和大地气息相连，故被古人视为沟通天地的神物，是祭祀活动中的重要礼器之一。玉琮曾在江浙一带的良渚文化、广东石峡文化、山西陶寺文化中大量出现，尤以良渚文化的玉琮最为发达，出土与传世的数量也最多。考古人员推测，此次四号坑出土的玉琮或许来自中原地区商王朝。

此外，三号坑中还出土了一件兽面凤鸟纹玉方座，长13厘米、宽9厘米、高6厘米，由整块青灰色玉料切割而成。器物为长方体，上表面正中有一圆孔。方座侧面线刻兽面纹、凤鸟纹。这种形制、纹饰的玉座前所未见。

七号坑主要出土有小件青铜器和玉器，均被埋压在象牙之下。其中，铜顶璋龙形饰、三孔玉璧等较有特点，尤以一件龟背形网格状青铜器格外引人注目，被戏称为"月光宝盒"，成为"镇坑之宝"。其由上下两层网格组成，四角雕刻龙头，青铜网格为浑铸法打造，两层网格围拢的空间中存放了一件椭圆形玉石，这是考古学家此前从未见过的器物，它的具体用途目前尚不得而知。

八号坑则揭露出大量体型巨大且造型奇特的青铜器。如铜巨型神兽、铜神坛、顶尊蛇身铜人像、铜立人像、铜龙、铜戴象牙立人像、铜猪鼻龙形器、铜神殿形器盖等。它们有的是祭器，有的则可能是祭祀场所的装饰构件。

青铜神坛体积庞大、造型奇特，分为台基、人像和神兽三部分。台基有三层，逐渐缩小，第一层素面，第二层饰浅浮雕纹饰，第三层则为镂空装饰。台基上为一个平台，铸造三组人像。此次发现的青铜神坛上，出现了不同形象的多人组合，似乎描述着当时祭祀活动中不同人员的角色和行为，再现了当时祭祀的情景。

一件大型青铜立人神兽，上半部被灰烬层和少量象牙残段覆盖，头部有一个独角，独角之上站立一青铜人像。整件器物高约90厘米，长85厘米。此件大型青铜神兽是目前三星堆所见动物造型青铜作品中最大的一件。

更令人叫绝的是，八号坑出土的一件顶尊蛇身人首像，竟然与1986年二号坑出土的青铜鸟足人身像残件实现了拼合。分割了3000多年，它们间隔36年先后出土，最终实现复原。

在三星堆祭祀区新一轮的考古发掘中，还取得了一项令人瞩目的突破性成果。在对四号坑进行了漫长5个月的浮土清理后，眼尖的丝绸考古专家发现，在一块灰褐色的泥土上呈现出隐约的纺织纹理。之后，他们在周围仔细搜索一切疑似土样，并送交实验室检验。终于，"丝绸"在2021年1月31日现身了。

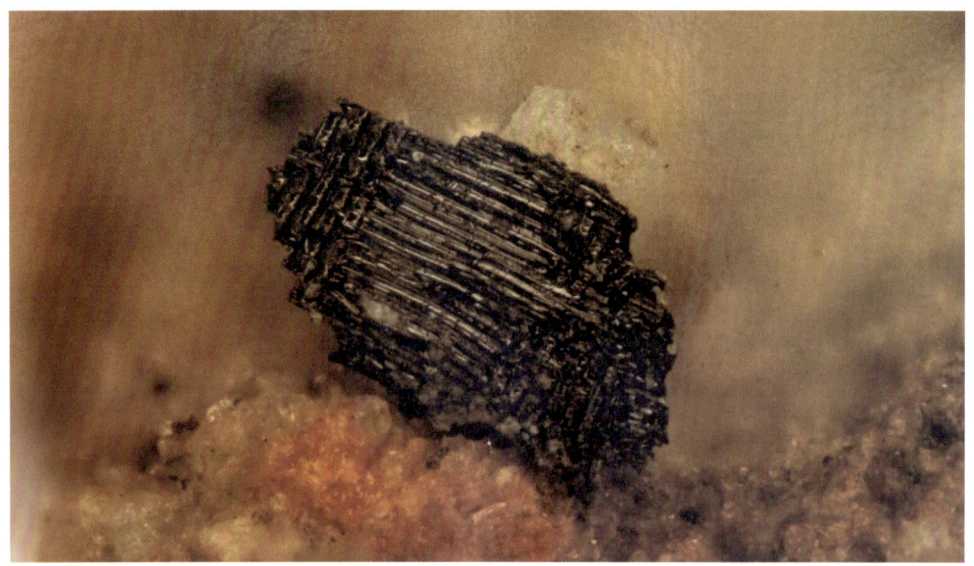

在显微镜下"现身"的丝织物残迹

那天中午，四川省文物考古研究院工作人员像往常一样，拿出一份土样放置在显微镜下，仔细观察。镜头里，灰褐色的土样在一处竟然呈现出了经纬状的结构。找到了！这确是一件平纹的丝织物残迹，它只有3.8毫米×3.1毫米大小。

这肉眼不可见的丝绸朽化后的残留物，状如黑炭，混杂在黑色灰烬中，唯有在专业仪器下方能展现出它的真正价值。唯一遗憾的是，因为实物实在太小且已朽化，无法辨别其究竟是丝绸中的绢或绮等更为细致的分类。即便如此，考古人员仍然对这一发现感到欣喜不已，因为这是四川境内首次发现3000多年前的丝绸遗痕，实证了古蜀地区是中国古代丝绸的重要起源地之一，从而也揭开了东西方古代文明交流史上被掩盖了数千年的重要一页。

三星耀天府

——三星堆文化的特质及内涵

1986年8月23日，新华社一则简短的电讯划破夏秋之交的沉闷天宇，将三星堆遗址祭祀坑的重大发现告之于世界。紧接着，各大报刊、电台、电视台记者相继跟踪采访，一时间，这个川西平原上原本很不显眼的小村庄，竟然令整个世界为之倾倒与震撼。

那么，三星堆文明究竟有着怎样的魅力，令世人如此着迷。概括起来说，就人工创造物而言，奇特夸张的青铜艺术、侈丽雍容的金箔技艺和精美神奇的玉石雕琢，构成了三星堆古蜀文明的灿烂结晶。此外，众多的象牙在三星堆遗址集中出土，也反映了古蜀文明的某种特质，更给后人留下了诸多谜团，耐人寻味。

青铜瑰宝

毋庸置疑，在三星堆祭祀坑出土物中，最令人印象深刻的当数那些神奇诡谲、造型各异的青铜雕像了。

三星堆一号坑、二号坑出土的青铜器多达700余件，尤以造型各异的大批青铜立人像、人头像、人面像、兽面像以及铜树等为代表，形成了三星堆青铜雕像群。迄今，这是我国发掘的数量最多、形体最大的古代青铜雕像群。这些

青铜造像铸造精美，形态各异，有的比例夸张，有的工巧细腻，无不映射着古蜀时代青铜文明的灿烂光芒。

关于这些青铜造像的分类，三星堆祭祀坑发掘报告已作了比较严谨的分析。后来有学者为便于研究，将这些青铜造像依造型差别，大致分为青铜人像、青铜人头像、青铜人面像、青铜兽面像四类。

第一类是青铜人像。包括青铜大立人像、青铜小人像、青铜跪坐人像等。

青铜大立人像一尊，出土于二号坑，是雕像群中最为高大也最为精美者，高达2.61米，重逾180千克。如此高大的青铜铸像在商周时期青铜文化中极为罕见，即在世界古文明中也是绝无仅有。人像立于由四个龙头连体支撑的方形底座上，头戴华美高峨的冠冕，冠顶中间有如一朵盛开的莲花，曾有学者认为那是太阳的象征。其身着龙纹左衽长襟衣，粗眉大眼，高鼻阔口，方颐丰耳，细腰修身，右臂上举，左臂平伸，两手握成环形，赤足佩脚镯立于座上。从衣着来看，这尊青铜立人像颇具帝王气度，加之站在兽面连体座上的那种显赫地位，这在出土的众多人像、人头像中十分突出，发掘者认为这尊雕像的身份既是王者，又是祭司。将之陈设在宗庙中，含有祈求上帝、鬼神和祖先亡灵庇佑其臣民子孙的象征意义。

这尊青铜立人像的双手大得出奇，夸张到了与身体不成比例的地步，格外引人关注。尤其是其双手中空，呈执物状，更引发了人们的好奇。二号坑中还出土了一尊残断的青铜人像，残高40.2厘米，与青铜大立人像造型颇似，不同之处在于其头上所戴之冠呈抽象夸张的兽首状，颇为怪异。兽首冠立人像的双手也是握成环状。它们手中所执究竟为何物？学者们根据研究，提出了诸多猜想。

青铜大立人像与青铜戴兽首冠立人像均双手中空，呈执物状

青铜大立人像（正面、侧面）

青铜跪坐人像
（一腿残缺）

青铜执璋跪坐人像残件

一种观点认为其手中所执之物当为玉琮，同在二号祭祀坑中曾发现一件小青铜人像，手执之物似为玉琮，为此观点提供了佐证。琮是古代用于祭祀的专用礼器，现所见最早的玉琮出土于安徽潜山薛家岗文化第三期遗存，距今约5100年，而以良渚文化的玉琮最为发达，出土和传世量最多。据《周礼》记载，琮为祭地之器，"以玉作六器，以礼天地四方。以苍璧礼天，以黄琮礼地，以青圭礼东方，以赤璋礼南方，以白琥礼西方，以玄璜礼北方"。持此论者据此推断这件青铜立人像的身份应是主持祭祀的巫师。但此说旋即被人否定，因玉琮形体内圆外方，而青铜立人像双手握成环形，与玉琮外形不符。

另一种观点认为其手中所执之物当为象牙。因从立人像双手所握倾斜的姿势推测，其手中所执应当为一圆杜形物体。联系二号坑中曾出土几十根象牙的事实来看，此说倒不失为一种合乎情理的推断。然而，青铜立人像手中执握象牙的寓意是什么？从象牙的功能与用途分析，究竟有没有这种可能性？这又成了令人费解的难题。

还有一种观点认为其手中所执之物当为玉璋或"瑞枝祥草"之类的祭品或祭器。提出这一观点的主要是祭祀坑的发掘者，他们的依据来自同为二号坑出土的其他青铜人像。二号祭祀坑出土有一尊呈跪坐姿式的小铜人残像，其手执之物是一件射端呈叉口刃的玉牙璋。二号坑中还出土有青铜神坛残件，上面有大小两种人像，其中，大

青铜神坛局部——持物跪坐人像　　　　　青铜神坛局部——持物立人像

的人像手中所执之物被保存了下来，与藤状的瑞草相似。这些为探讨青铜立人像与戴兽首冠青铜人残像手中所执为何物提供了重要的参照，发掘者据此认为，无论是玉璋或是瑞枝祥草，其意义都是一样的，故得出结论——"青铜立人像手中握的应是和小人像手中的物品为同一性质的祭品或祭器"。

　　尽管对青铜立人像手中所执何物众说不一，但认为它是商周时代的铜像之王却无异议。这尊青铜铸像高大巍峨，气魄非凡，在出土的商周文物中独一无二，为我国迄今发现的最早和最大的青铜造像。它比史书记载的秦始皇收集天下兵器在咸阳铸造的"金人十二，重各千石"还要早约8个世纪。从世界范围来看，也未发现古埃及和古希腊等文明古国这一时期有如此巨大精美的青铜雕像。这座青铜大立人像堪称人类古代文明史上的"世界之最"。

　　青铜跪坐人像分几种类型。较有代表性的一尊出土于二号坑，通高13.3厘米，头戴平顶双角冠，粗眉大眼，高鼻阔嘴，方面硕耳，脖颈粗短，身着对襟

青铜跪坐人像（二号祭祀坑出土）　半圆雕，头戴冠，眼描黑彩，侧身单腿下跪

长服，腰间束带，以手抚按腹部，左腿蹲屈，右腿单膝跪地，双脚赤裸，脚上各有一小圆形穿孔，似为系挂固定之用。从其造型看，似在禀报或辞拜，这与高大尊贵的青铜立人像形成了鲜明的对比，显然代表着不同的身份。

同坑另出有两件跪拜人像，与此件极为相似，不同之处在于这两件跪拜人像为双膝跪地，呈正面跪坐。发掘整理者认为，这几件跪坐人像几乎一致的面部特征显示，它们都是头戴面具的形象。并联系坑中出土的二号青铜神树上也有类似的青铜跪拜人像，认为这几件青铜跪坐人像可能是神事活动中"祝"的形象。甲骨文的"祝"字形为👤，便是戴假面跪坐呈祈祷状的人物形象，正与青铜人像跪坐戴面具的造型相合。

一号坑也出土了一件青铜跪坐人像，且较为特殊。人像高14.6厘米，宽脸、方颐、大耳、圆眼正视前方。其形态与一号坑、二号坑出土的其他青铜造像明显不同，头发先向后披，又向前卷起，显得非常奇特。再从服饰看，上身着右衽长袖短衣，腰间系带两周，下身着犊鼻裤（又称"犊鼻裩"，省作"犊鼻""犊裩"，古代的一种短裤）。一般来说，着犊鼻裤的人其身份和地位不是很高。

青铜跪坐人像（二号祭祀坑出土）
半圆雕，头戴冠，双手置腰下，双膝跪坐

青铜跪坐人像（一号祭祀坑出土）　高髻，双手抚膝，跪坐

青铜人头像正面、背面与侧面（二号祭祀坑出土）
平头顶，耳垂各有一穿孔，头发编为发辫垂于脑后，头以下前后均为尖角形

第二类为青铜人头像。

青铜人头像于一号坑出土13件，于二号坑出土44件，是两个祭祀坑出土青铜雕像群中数量最多的一类造像，一般高40—50厘米，最小的一件高仅十几厘米。从青铜头像的形态与装饰看，它们既有共同点，又各具风格，形式多样，扮装各异，相互之间绝不雷同。

按造型区分，它们有平顶脑后梳辫者，有平顶戴帽或头戴回字纹平顶冠者，有圆头顶无帽于脑后戴蝴蝶形花笄者，有将发辫盘于头上者，有头戴双角形头盔者，还有头上部为子母口形（原应套接顶饰或冠帽）者。从面相看，大都为浓眉大眼，高鼻阔嘴，方面硕耳，下颌似有短胡直达耳后，显得神态威武，洋溢着粗犷豪放的风格。它们的鼻子很高很大，嘴几乎咧到了耳根部位，

青铜人头像（二号祭祀坑出土）
三个青铜人头像均为平头顶，均束发辫垂于脑后，耳垂处均有穿孔

眉毛夸张地斜着上扬，几乎占据了额头的"半壁江山"，耳朵大而张扬，眼睛是斜竖着的三角大眼，目光微微向下，既像是沉思默想，又像在俯视着芸芸众生。整个面部特征有一种轮廓分明的阳刚之美，比中原汉人的五官更突出、更显严厉和深沉。

　　发掘者对这些青铜人头像进行整理后，将一号坑出土的13件分为A、B、C型，将二号坑出土的44件分为A、B、C、D型。这种划分主要是根据发式冠带形态和造型特征方面的差异来归纳的，有其合理性，也有明显的局限性。

　　于是，有人提出了不同的区分法。从这些青铜人头像的面相特征看，有的戴有面罩，有的则是完全自然的造型，故将之一分为二，分别为"戴面罩者"与"不带面罩者"。

青铜人头像（二号祭祀坑出土）
头顶呈圆形，面部戴有面罩，蒙至头顶，脑后有发髻

青铜人头像（一号祭祀坑出土）
头呈平顶状，戴平顶帽，面部戴有面罩

青铜人头像（二号祭祀坑出土）
头戴双角形头盔，面部戴方形面罩

青铜人头像（一号祭祀坑出土）
头顶呈子母口状，可能原来安装有头饰或冠

青铜人头像（二号祭祀坑出土）
头上可见明显的辫索状圆箍

青铜人头像（二号祭祀坑出土）　头戴回字纹平顶冠，面部戴有面罩

青铜人面像（一号祭祀坑出土）

第三类为青铜人面像。

青铜人面像，发掘报告中称"人面具"。一号坑出土1件；二号坑出土共20件，其中，完整者14件。一号坑出土的是件小型面具，高约7厘米，宽9.2厘米，形态为宽脸圆下颌，长眉大眼，尖鼻圆耳，上戴有浅V字形薄顶冠。结合一号坑年代来看，这应是三星堆文化早期之作，风格简朴写实，与二号坑出土面具的夸张豪放风格有着明显区别。但它们那弯刀形的长眉、杏状大眼、突棱眼球，以及鼻梁两侧八字形纹痕，则是一脉相承的，体现了浓郁的古蜀风格。

二号坑出土的20件青铜人面像均为半圆形，大小不一，在形态造型上颇富想象力，都是方面宽额、长直大耳、刀形粗眉、杏状大眼、高鼻阔嘴，均有着典型突起的眉棱和鼻棱，显得威严而生动。其中一些面像的眉部和眼眶、眼珠等处还曾用黑色颜料描绘过，还有的在唇缝中涂有朱色颜料。这些颜料的使用，使人面像显得更加神秘莫测。

二号坑出土的青铜人面像中，最引人注目的是3件纵目人面像。它们在总体造型上与前述的青铜人面像并无大的区别，但眼球和耳朵却极为夸张。耳朵宽大，向两边展开，形同张开的鸟翅或竖立起来的兽耳，显现出明显的兽类特征，大嘴阔至耳根，而眼珠如柱，突破眼眶朝前凸出，有如蟹目。

青铜纵目人面像（二号祭祀坑出土）

　　这3件纵目人面像，形象"半人半兽"，其称谓也有多种。发掘者在二号祭祀坑发掘简报中称其为"人面像A型"，后也有称其为"青铜兽面具""纵目面具"者。巴蜀书社1992年出版的《三星堆祭祀坑出土文物选》中称其为"纵目人面像"，这一提法目前为大多数学者所认同和沿用。

　　纵目人面像形体庞大，那凸起的圆柱状眼球及如猪八戒式的大耳，简直匪夷所思，令人感到难以形容的诧异。其中最大的一件通高66厘米，宽138厘米，圆柱形眼球突出眼眶达16厘米。另一件更为神奇，通高达82.5厘米，宽77.4厘米，圆柱形眼球突出眼眶9厘米，在其鼻梁上方还嵌铸有高达68.1厘米的既似卷云又如夔龙的装饰物，为这尊糅合了人兽特点的硕大纵目青铜人面像更增添了煊赫的气势和丰富的含义。

青铜纵目人面像（二号祭祀坑出土）

正因为造型特殊诡异，关于其象征意义，学界也有过一场争论。发掘领队之一陈显丹先生根据《山海经·大荒北经》中有关烛龙的记载，认为其为烛龙的形象，是神话传说中"千里眼"和"顺风耳"的综合体。还有人认为"纵目的青铜人面像表现了一个神、鬼、人的集合体"，是对以纵目为特征的古蜀图腾的崇拜象征。甚至还有人认为纵目人面像样子神奇，也许只有外星人才有这样大的眼睛和这么长的耳朵，莫非他们真的是"天外来客"？

关于纵目人面像的象征意义，最具代表性的观点认为，它是文献中"蚕丛纵目"最形象的说明。《华阳国志·蜀志》中有"蜀侯蚕丛，其目纵"的记载，过去，人们对"纵目"的解释各执一词，有人认为是额头正中多长了一只眼，有人认为"纵目"即眼睛竖向生长。直到三星堆纵目人面像出土，人们这才恍然大悟，原来文献中所谓古蜀蚕丛部族的"其目纵"，就是指眼球向前凸出。纵目人面像正是古史传说中蚕丛氏"纵目"的写照，是作为蜀人的祖先神像供祭祀用的。这一说法目前已为学界大多数人所接受。

第四类是青铜兽面像。

青铜兽面像均出土于二号坑，发掘者将其分为三种类型，每种类型3件，共9件，均为薄片形，以浅浮雕手法铸造而成。它们大

青铜纵目人面像（侧面）

青铜兽面像（二号祭祀坑出土）

青铜兽面像（二号祭祀坑出土）

青铜兽面像（二号祭祀坑出土）

都为长眉直鼻，大眼中鼓着硕大的眼珠，阔长的口中露出两排方整的牙齿，显示了夸张的人面特征。而头上两侧那宽长上卷的弯角、头顶额上较宽的叉状剑锋、左右一对小外卷角装饰（有的还铸有两只尖长而上端向下勾垂的耳朵），又展现出神奇的动物形态。学者们推测，这些青铜兽面像具有浓郁的原始神秘色彩，形似鬼脸和假面，可能为祭祀时巫师所戴面具，也可能是祭祀时使用的装饰物。

　　除了上述四大类，三星堆出土的青铜造像还有小神树残断枝头上的人面鸟身像、残断的高达81.4厘米的青铜鸟足人身像、青铜神树残枝花蕾上的立鸟、各种造型的铜鸟和铜鸟头、嵌镶绿松石的铜虎，以及青铜神树上的游龙、铜蛇，等等，蔚为大观，令人叹为观止。

青铜人面鸟身像
（二号祭祀坑出土）
通高12厘米，原铸于小型青铜神树树枝顶端。人像为平头顶，头戴面罩，大耳方鼻，其双眼外凸，与纵目人面像类似；鸟身较短，残断的双翼原当呈宽展状

青铜蛇（二号祭祀坑出土）

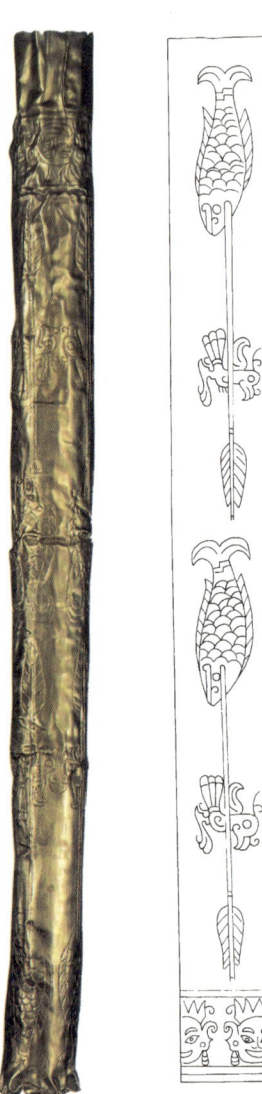

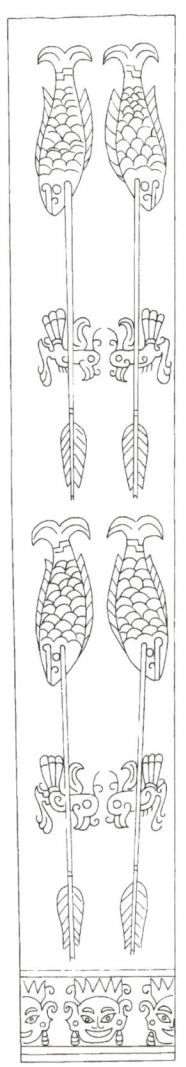

金杖局部及其纹饰

金杖（一号祭祀坑出土）

全长142厘米，直径2.3厘米，以纯金皮包卷而成，出土时已被压扁变形，推测其为木芯金皮杖。上端錾刻精美纹饰图案，其余则无花纹，堪称无与伦比的绝世珍宝

金箔文化

三星堆遗址不仅以众多灿烂夺目的青铜制品闻名于世，而且还同时出土了种类繁多的金器。据古籍记载，古蜀多金，三星堆的发现证实了古代蜀人也是世界上最早开采和使用黄金的古老部族之一。

1986年，在三星堆一号、二号祭祀坑出土的金器，种类包括金面罩铜人头像、金面罩、金皮杖、金虎、金叶、金鱼、金璋、金带、金料块等，共计100余件，足以构成"青铜文化"之下的一部"金箔文化"。如此数量多、形体大、体量重，又定型的黄金制品，在以往的考古发掘中前所未有。这些精美绝伦的金器反映了古蜀人高超的黄金加工技艺，同时它们还富有着深邃的文化内涵，是揭示三星堆古蜀文明的珍贵实物资料。

三星堆祭祀坑出土的金器中，最富特色、最值得称道的就是一号坑出土的金杖。金杖长142厘米、直径2.3厘米、重463克，是目前三星堆出土金器中最大、最重的一件。金杖用纯金皮打造，出土时金皮已被压扁变形，但从金皮内侧遗存的木质朽痕推测，金杖是以金皮在木杖上包卷而成。经整理，金皮展开的宽度达7.2厘米。

金杖上端有长约46厘米平雕而成的纹饰图案。研究人员分析其制作工艺，大概是先将纯金锤锻成金皮，然后将其修整成长条形，再雕刻出图案。图案采用双勾手法雕刻而成，共有三组。上面两组图案内容相同，每一组都是两支羽箭各穿过鸟颈射入鱼的头部；最下一组是两个前后对称的人头像，人像头戴五歧尖角冠，耳垂饰三角形耳坠。

关于图案内容，学界已有不少不同看法。有的解释是，鱼鸟图案"像是四只鸟成队驮负着鱼飞翔而来"，而"人头的身份应是代表着神人这类的人物"。而有的学者根据金杖上的图案有人头像、鸟、鱼，且鸟的形象与之前遗址出土的陶鸟头把勺柄上的鸟头一致，认为这是古蜀鱼凫氏的文化遗存。还有人认为金杖实际上反映了古蜀人对祖先和社稷的崇拜，金杖上的人头图案代表了蜀先王蚕丛氏，鱼、鸟的图案则代表着蜀先王柏灌、鱼凫和杜宇等祖先。

　　关于金杖的性质，争论更为激烈。有人认为，金杖具有巫术性质，应是巫祝之类的人物所使用的法器"祭杖"或"魔杖"；也有人认为它是一种图腾式的族徽标志，是由巫师的法杖演变而来的象征古蜀国王权的权杖。

　　前一种看法的依据是，从金杖图案的内容来看，显然具有巫术性质。陈德安先生等据此对金杖图案又作出了新的解释，认为其"是蜀人根据顺势或模拟巫术的原理，雕刻出的一幅通过巫术而希冀捕鱼成功的渔猎祈祷图，当然其中也隐含着图腾崇拜的意味"。

　　而"金杖就是权杖"是学界较为普遍的一种看法。这柄金杖，由于它与大量青铜礼器、青铜人头像、青铜人面像、玉石器、象牙、海贝等巨大的物质财富同出一坑，也由于用杖象征权力是一种较为普遍的古代文化现象，因此人们很容易把它与"王权杖"联系在一起。持此论者认为这是一柄标志着王权、神权和社会财富垄断之权的权杖，为古蜀王国政权的最高象征物。

　　中原夏、商、周三代王朝都是用"九鼎"象征政权，而古蜀却未留下任何用鼎的痕迹，这正体现了其与中原王朝不同的文化特点。认为金杖是权杖的学者，还列举了古代西亚地区、古埃及、古希腊及古罗马的权杖文化现象，认为三星堆金杖有可能是通过某种途径，吸收了古代西亚、近东地区权杖的文化形式而制成的。

　　黄金面罩是古代蜀人使用黄金制作的另一杰作。这些金面罩薄如蝉翼，异常妥帖地将整个铜头像的面部蒙住，上齐额头，下到嘴角，左右将耳朵也包藏在内，整个脸部只镂空眼睛和眉毛，使得头像在神秘之外又增添了一份尊贵。甚至可以说，古蜀文化本来就包含着一种高贵的气质，它虽然偏安一隅，却绝没有丝毫"夷"或"蛮"的村野小家子气，而是具有着博大精深的文化情怀。

　　从制作工艺看，蜀人先将纯金锤锻成金箔，然后做成与青铜人头像相似的轮廓，将双眉、双眼处挖空，再包贴在青铜人头像上，经锤拓、蹭拭、剔除、黏合等工序，最后制成与青铜人头像浑然一体的黄金面罩。二号坑出土的数尊戴黄金面罩的青铜人头像，显示出一种异常华贵的气质，予人以神奇和赏心悦目之感。

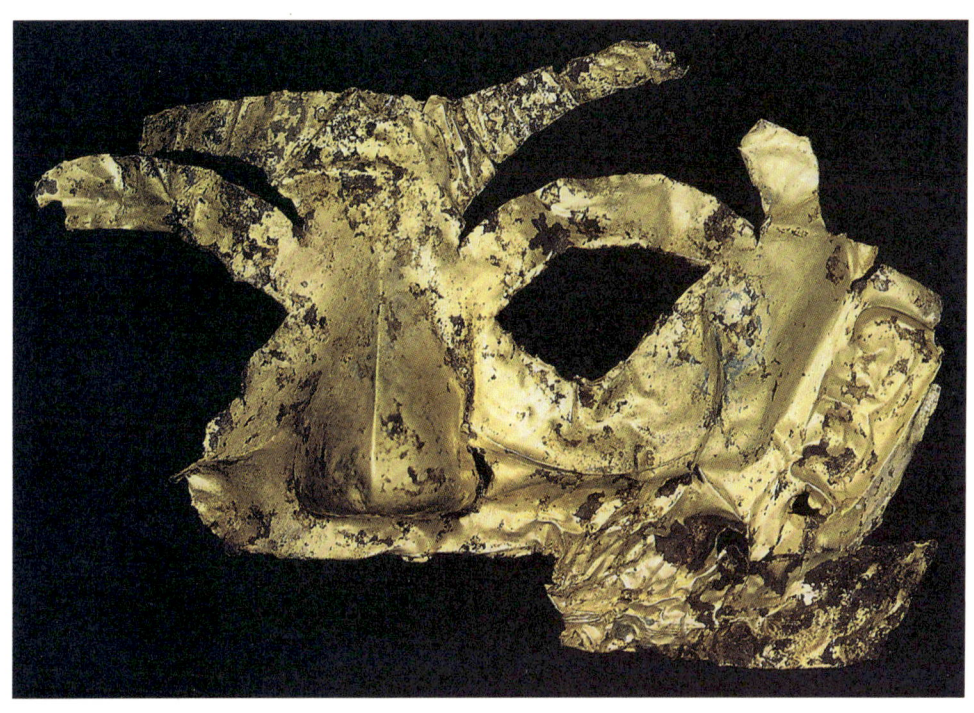

黄金面罩残件（一号祭祀坑出土）

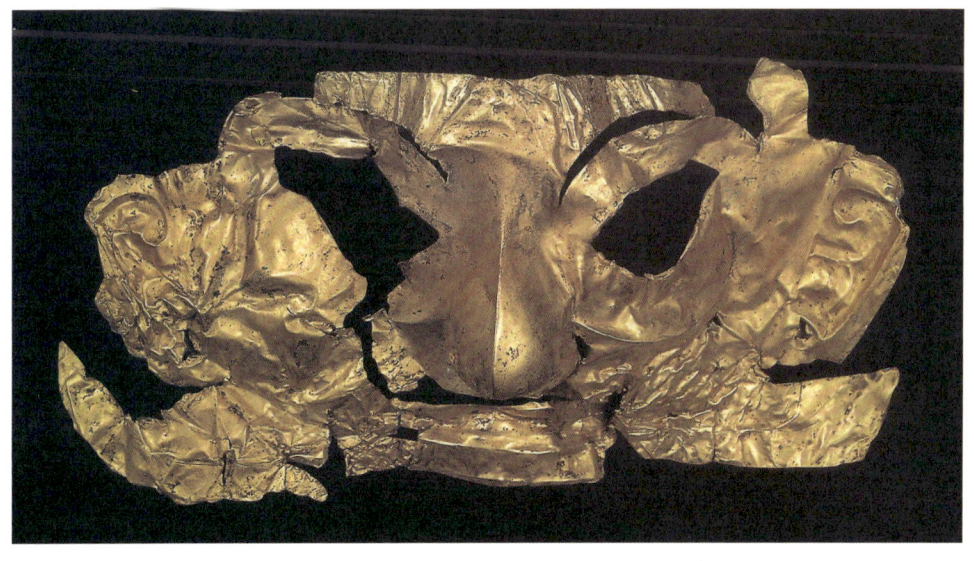

黄金面罩（一号祭祀坑出土）

金面铜人头像有圆顶和平顶两种。

圆顶金面铜人头像面部包贴的金面罩略呈V字形，其双眉、双眼处镂空，与青铜人头像贴合紧密，将整个铜人头像的面部蒙得上齐额、下包颐、左右过耳。金面罩的大小、造型均与人头像面部特征相同。铜人头像的头发向上撩起盘于脑后，戴蝶形发笄，显得十分精神。

平顶金面铜人头像所戴的金面罩呈长方形，形状和出土的铜人面具相似。它包贴在戴有面具的铜人头像面部，使之显得威武而神奇。

单个的金面罩出土时均皱成一团，有的已残破断裂，但仍能大致看出它的形貌是鼻部呈三角形凸起，双眉、双眼镂空，面罩周缘向内折起。从形

圆顶金面铜人头像（二号祭祀坑出土）

状、大小和制作工艺看，它与金面头像上的金面罩模样相同，估计这些金面罩均有相应的铜人头像相配，但现在已经无法确知它们应各自归属哪位铜头"主人"所有了。

相传我国在虞夏之时就已将黄金、白银和铜分出金三品。《尚书，禹贡》："厥贡羽毛齿革惟金三品。"《史记·平准书》："虞夏之币，金为三品，或黄，或白，或赤。"在《汉书》中，已明确将黄金列为最尊贵的金属。

平顶金面铜人头像（二号祭祀坑出土）

《汉书·食货志》："金有三等，黄金为上，白金（银）为中，赤金（铜）为下。"从三星堆青铜人头像上包贴金面罩的情况来看，早在3000多年前，蜀人就知道黄金为尊，其目的并非仅仅为了美观，而是为了使铜人头像代表的神灵更显尊贵，从而取悦神灵以便得到护佑。

　　在世界考古史上，古埃及和古希腊的遗址中均出土有黄金面罩。如公元前15世纪古希腊迈锡尼墓葬中出土的有唇须形象的金面罩，公元前14世纪古埃及第十八王朝国王图坦卡蒙墓中出土的形象逼真的纯金面罩等。这些著名的黄金面罩出土时大都罩于死者或木乃伊面部，其用意显然在于保护和再现死者面容，体现了古代西方人的丧葬习俗和等级观念，并带有明显的原始宗教色彩。

　　三星堆出土的黄金面罩同古希腊和古埃及的金面具相比，在形态造型、装饰手法、用途含义等方面都有所不同，它不是施于死者面上，而是粘贴于青铜人头像的面部，这些青铜头像都是大型祭祀活动中巫师或部落首领的象征。由此可知，在古代蜀人的观念中，黄金面罩与丧葬死亡似乎没有什么联系，而与重大祭祀活动密切相关。

圆顶金面铜人头像
（二号祭祀坑出土）

金箔虎形饰件（一号祭祀坑出土）

　　除了金杖和金面罩，祭祀坑中还出土了不少其他种类的金器。一号坑出土有1件金箔虎形饰件，用纯金皮锤拓而成，呈半圆形，可能原来包贴于其他质料的虎形器上。金虎通身压出虎斑纹，大头昂起，口大张，前足伸，后足蹲，背部凹下，粗大的尾巴上卷着，其动态呈奔跑时一瞬状，形象十分生动。

　　金叶和金璋均出自二号坑，也是用纯金皮锤锻成金箔后再剪切成形的。金叶上錾刻有十分规整、细如毫发的叶脉纹线。金叶、金璋的柄端都有一小穿孔，应为挂饰。在二号坑中，还出土了一些宽窄如韭菜叶的金带，有的在出土时还包缠在小铜树枝上，由此可知，这些金带是用来缠绕小铜树枝的。假如把金叶、金璋都悬挂在这金带缠绕的铜树枝上，可以想见，这棵铜树将是何等得金光闪烁，而铜树的树枝也就成了名副其实的"金枝"了。

　　一号坑中还出土有金料块，两面平整，略呈长方形，侧面还留有"浇口帽"，可知这是经过集合小粒自然金熔铸加工而成的金料块。

山川之英

对玉石的使用，最早大约在旧石器时代的晚期，但最终将玉从石中分离出来进行特定的加工，则是新石器时代。随着私有制的出现，玉器因其晶莹剔透，具有山与水的特性，而被视作山的精英，被赋予了社会化、人格化的功能，从此，其在宗教祭祀礼仪以及人们日常生活中有了举足轻重的地位。

祭祀山神用玉石器作为供物，这可能是渊源于古人的原始自然崇拜。在古人看来，高大的山峰直耸云天，不仅是神灵上天达地的必经之路，也是神灵经常居住的地方。山上的珍禽猛兽、奇花异草、树木瓜果、金玉石水等自然资源，都归神灵管辖或为神灵所有。人们所获取的自然物，是神灵赐予的。按照自然崇拜的祭礼，要将所获自然物中的部分奉还神灵以作报答。因为古人认为，万物由神灵主宰，若不报答，一旦惹怒神灵，必将带来灾祸。玉石器取诸山川，为山川精灵，所以古人用玉石器作为供物献祭。

三星堆文化中，除了奇特夸张的青铜造像、精美绝伦的金箔器之外，出土的大量玉石礼器也是不容忽略的。事实上，三星堆最早为世人瞩目，也即是因为玉石器的发现。经过前后90多年的多次发掘，在三星堆遗址出土的玉石礼器迄今已超过2000件，其他石器也是数以千计。在1986年发现的两个祭祀坑中，玉石器也占了绝对多数。

三星堆玉石器种类之繁多，在商周时期遗址考古发掘中堪称罕见。最初，发掘领队之一陈显丹先生在《三星堆文化玉石器研究》一文将其分为礼器、装饰、武器工具三大类。在两个祭祀坑的正式报告中，则按玉石器出土点分坑、分类：一号坑所出者依其形制分为礼器、仪仗、工具三类，二号坑所出者则分为礼器、仪仗、工具、饰品、其他，以及绿松石等数类。而另一位发掘领队陈德安先生则分得更为细致，按形态将玉石器分为礼器、兵器、工具、杂器、饰品、动物、人物等八大类，另还列有铜镶嵌玉饰件、铜穿套玉饰件。

在三星堆玉石器中，玉石礼器数量最多，计有玉璋、玉琮、玉璧、玉瑗、玉环等；次为玉戈、玉矛、玉剑、玉戚、玉斧、玉凿、玉锛、玉刀等兵器或工

玉璧（一号祭祀坑出土）

具；另外，还出土了玉珠、玉管、玉片、玉镯等饰品，以及石人、石蟾蜍、石龟、石蛇等仿生雕刻艺术品。

不惟种类繁多，三星堆玉石器的制作工艺也相当精致，反映出古蜀国玉石作的发达。更值得一提的是，这些玉石器绝大多数都与古蜀国的祭祀活动有关。

在出土的玉石礼器中，玉璋的数量和形制最多也最具特色，这表明，玉璋是古蜀王国在祭祀活动中使用得最频繁的一种祭祀礼器，这也成为古蜀文化的一大特色。根据《周礼》记载，璋在夏、商、周礼器中主要用于祭祀、朝聘、发兵、丧葬等礼仪，中原常见的玉璋特点为前端射部（玉璋器身称"射"）呈斜刃口。而三星堆所出玉璋极具特色，既有射部呈斜刃口的中原式玉璋，也有射部呈叉口刃、丫字形刃和整器呈平行四边形的古蜀式玉璋。

玉璋（二号祭祀坑出土）　两面扁平，两侧平直，平面呈平行四边形，射部上、下刻画有云雷纹，云雷纹两侧均刻有由六七条平行线组成的纹饰

发掘者经过整理，将三星堆所出玉璋分为四型。

一型玉璋，整器呈平行四边形，两面扁平，两侧平直，有的前端渐宽出，后端有柄。一号坑出土有一件此类玉璋，残长达158厘米，宽22厘米，为目前所知最大的一件玉璋，其两端刻画有极细的平行线纹。这类呈平等四边形的玉璋过去几乎未见出土，清人吴大澂所著《古玉图考》中称为"边璋"的玉石器与这类玉璋形制相近。有学者推测，这种玉璋同二里头遗址出土的"七孔石刀"可能有一定的联系。

二型玉璋，体扁薄，长条形器身由射部（前端刃口）、璬饰（戈阑部凸起的齿饰）和邸（柄部）三部分组成，射端呈凹弧形刃口，射末两侧璬饰为牙状对称凸出，柄部有一圆穿孔。此类玉璋又有早、晚之分，较早者射部两侧较平直，稍晚者两侧弧弯。其形制与二里头出土的同类器物相似，可见夏、商之际古蜀文化受到了二里头文化的影响。

三型玉璋是一种仿生礼器。其射端由后向前逐渐宽出，刃端作锋利的丫字形，呈新芽状，刃尖一高一低；璬饰或为浅齿状，或为锯齿状。此类玉璋雕琢

一号祭祀坑出土的各式玉璋

一号祭祀坑出土的双峰尖式玉璋（鱼形璋）

精细，是具有古蜀地方特色的礼器。

　　四型玉璋，前端射部呈鱼嘴形叉口刃状，一侧为弧形，一侧内曲，射末两侧的璩饰上，下部为鸡冠状或似鱼鳍状。由于其形酷似鱼，故也被称为"鱼形璋"。从基本形制看，这类玉璋应是戈向璋形制过渡的器物。

　　过去，人们对中国各地出土的玉璋都不明其使用方式，一度推测为装柄作仪仗之用。三星堆二号祭祀坑出土有一尊手执叉口刃玉牙璋、呈跪坐姿式的铜人像残件；另出土有一件呈平行四边形的玉边璋，上有纹饰和人物图案，其中，清晰地刻画着玉牙璋插在神山山腰两侧的祭祀场面。由此可知，玉璋在祭祀礼仪中的使用方式是手握或安插在一定的地点。

　　璧、环、瑗也是三星堆出土玉器中数量较多的种类。1929年发现的玉石器坑中，就出土了大量的石璧和玉璧，大者约80厘米，小的也有十几厘米，应是用于祭祀天地山川的礼器。

玉璋（二号祭祀坑出土）

平面略呈平行四边形，玉璋两面刻画有相同的纹饰和图案

玉琮（出土于三星堆遗址月亮湾
台地），外方内圆，两端射部有
短矮凸出，呈圆环形；四侧面正
中阴刻平行线，又在转角处刻画
有上、中、下三组平行横线

　　三星堆遗址出土的玉琮数量较少，形制较为简单，多为单节素面。早期者
器身方直，射部外缘磨制成八棱形；稍晚者射部略高，呈圆环形，射部外缘四
边呈钝圆委角。《周礼》载："苍璧礼天，黄琮礼地。"三星堆玉琮一般和玉
璋、玉璧等礼器同出，可见玉琮也是古蜀人祭祀天地山川诸神灵的礼器之一。
1929年出土的一件玉琮（现藏于四川大学博物馆），侧面刻有三条平行横线和
两个类似人眼的圆圈，这种装饰纹样不见于中原商代玉琮，而与以太湖流域为
中心的良渚文化之玉琮上的兽面纹颇为相似，很可能是古蜀国玉工参考良渚文
化系统的玉琮而雕刻的。

　　在三星堆出土玉石器中，玉戈也是重要的祭祀和礼仪用器，其称谓曾有不同
说法。夏鼐先生在《商代玉器的分类、定名和用途》一文中称之为"戈"；日本
学者林巳奈夫在《中国古玉研究》一书中称之为"琰圭"；有一类戈形制特殊，
在前端开出深度、大小不同的叉口，形成歧锋，有学者便根据这一特点将其归入
玉璋类，称之为"璋"或相关名称。但总体上，学界普遍将三星堆所出锋刃玉器
统称作"戈形玉器"。

　　三星堆文化的玉戈、石戈数量和种类都很多，其中，一号坑出土玉戈18
件、石戈27件，二号坑出土玉戈21件、石戈10件。这些玉石戈形器的整体造

一号祭祀坑出土的各式玉戈

二号祭祀坑出土的各式玉戈

型既有与中原青铜文化系统类似的，也有其他文化中未见的阑部作双阑、其间有扉牙且状如玉璋后部的戈形玉器（这种戈形玉器的前端又有尖锐锋、喙形锋、鸟形锋的差别）。由于这类玉戈在外形上与玉璋相似，有些学者将它们归入玉璋类。

　　这类形似玉璋的玉戈最值得探究。有一种现仅见于一号坑，即前锋凹入的缺口较大，内镂刻飞鸟，颇富三星堆文化的特点。玉戈上雕刻的飞鸟形象，令人联想到山西曲沃县北赵村晋侯墓地出土的鸟形玉戈。其内后部为一立姿玉鸟；前部为戈（或为圭）的形制，与玉鸟头部顶端相连，形成冠饰。这表明，戈形器与鸟之间似乎存在着某种关联。据考证，至迟在西周时期，尖顶戈形玉器逐渐演变为玉圭。而在一些文献记载的传说中，瑞鸟与玉圭之间还真有着不解之缘。《墨子·非攻下》记载，夏禹征伐三苗时，"有神人面鸟身，若瑾以侍"（清代学者孙诒让考证，"若瑾"当作"奉圭"）；记周武王伐纣，"赤鸟衔圭，降周之岐社"。如此看来，凡是上天想要下界改朝换代时，天帝都要派遣人面鸟身的神或赤鸟将圭带给地上新的人王。这个圭也就是天帝册命人王拥有天下的象征物或信物。三星堆的时代早于周代，那时的戈形玉器是否就是文献中所言的圭，尚无充足证据，但戈形玉器被当时人们认为具有联系鸟形神祇与人间君王的作用，却可以得到部分的证明。由此推知，三星堆玉戈形

玉戈（一号祭祀坑出土）
射端镂刻成鸟形，鸟尾略有残缺。其外形与玉璋相似，故亦有学者将其归入玉璋类

器在三星堆王国的祭祀等礼仪活动中也具有重要的作用，它是天帝与人王间传达彼此意志和意愿的中介物。

虽然三星堆文化不属于夏、商、周三代的中原青铜文化系统，但它的玉器却显然受到了中原文化圈乃至长江中下游史前文化的深刻影响，具有相当复杂而丰富的文化内涵。三星堆祭祀坑所出玉器不仅数量众多，而且种类多样。这些不同形态的玉器，其文化来源不一定相同。有些来源于中原地区，如玉璋、玉斧、玉戈、玉钺等；有的可能来源于长江下游地区良渚文化，如玉琮、锥形器等。此外，三星堆遗址祭祀坑出土玉器中的锛、凿、刀、斤、锄、匕、舌形器、椭圆穿孔附饰等，其形制与中原商代遗存迥异，有学者分析，应为古蜀人固有玉器形制。这些玉器多属工具类或兵器类，装饰不多，雕琢工艺方面保留着一些原始特点。如玉锛打成粗坯后，不经细琢即进行研磨；玉凿的横截面呈圆形或椭圆形，也是缺乏进一步加工的表现。

在玉器的纹饰上，凹字纹、有特色的云雷纹、阴刻人物和山岳、回字透雕鸟纹等是古蜀玉雕装饰所独有的，在不少器物上频繁出现的平行阴刻线，虽然简单，但必定有着其自身的内涵。

三星堆玉器即使仿自其他文化，也并非完全照搬，古蜀玉工在仿制过程中不断加入自身文化因素，使其产生了明显的变化，形成了自身独特的风格。如有些玉璋和玉戈，在形制、款式上即与中原风格不同。中原出土的商代玉牙璋有两个共同的显著特征：射部凹槽呈或浅或深的弧形，柄端两侧棱牙呈细密或稀疏的凸齿状。三星堆所出玉牙璋则是射部凹槽较多呈丫字形，形成古蜀文化特色，这是蜀式牙璋和中原牙璋在款式上的重要区别。据考古资料显示，在中原地区，玉牙璋盛行于夏代（二里头文化时期），中原地区的商代晚期玉器中未见有牙璋，可见商代中、晚期中原地区玉牙璋已极为罕见或已绝迹。因此，有可能夏代或商代早期，中原玉牙璋传播到蜀地，并一直流行到商代晚期。在此间漫长的历史过程中，蜀国玉工在不断仿造的同时，对其加入了古蜀文化的特征，形成了古蜀风格的蜀式玉牙璋。

象牙之谜

在众多三星堆祭祀坑出土文物中，相比较于青铜器、金器和玉石器而言，象牙似乎较少被人提及。

然而，在三星堆文明的历次考古发掘中，出土的象牙数量并不算少。1986年发掘一号、二号祭祀坑时，两坑累计出土完整象牙80余根。尤其是二号坑，揭开夯土层，60余根象牙纵横交错、密密麻麻地铺在坑中，让考古人员一时竟无从入手。2001年发掘的成都金沙遗址中出土象牙更多，据考古学家王仁湘先生在其《古蜀象牙之谜》一文统计，金沙遗址出土象牙总数超过了1000根。这是500头大象的贡献！在三星堆最新发现的6个祭祀坑中，也发现有大量象牙，其中三号坑就出土超过了100根。

既然有如此众多的象牙出土，为什么过去少有人关注？究其因，可能有以下两个：其一，象牙毕竟是"天然"的产品，不像青铜雕像、黄金制品、玉石雕刻这样属人工创造，因而在编撰出版相关文物图录时不会将其收录；其二，这些象牙在地下埋藏数千年，埋入前又历经火焚，保存状况堪忧（据说金沙遗址出土的象牙迄今仍无法正常展示）。

但是，在探讨三星堆古蜀文明的内涵时，象牙是不应该被忽略的。虽然古代象牙或象牙制品在国内外考古发掘中也多有出土，但一则比较零星，二则也罕见完整象牙出土（何况数量如此巨大），大多只是些象牙制作的工艺品。因此，三星堆和金沙遗址中众多象牙的出土不仅是绝无仅有的发现，堪称古蜀文明的一道神奇风景线，而且其中也蕴含着众多古蜀文明不为人知的信息，有不少谜团仍待解开。

在1986年发掘三星堆那两个祭祀坑时，数十根象牙的出土就曾令人非常诧异。这么多的象牙究竟来自哪里？古蜀人为什么要把象牙和大量铜器、玉器和金器埋藏在一起，其中有着怎样的寓意？而到了金沙遗址发掘时，大量象牙的发现就更令人咋舌了。有的是零星出土，但更多的是层层堆积（有的堆积多达8层），且绝大多数都是整根象牙，最长的有1.85米。

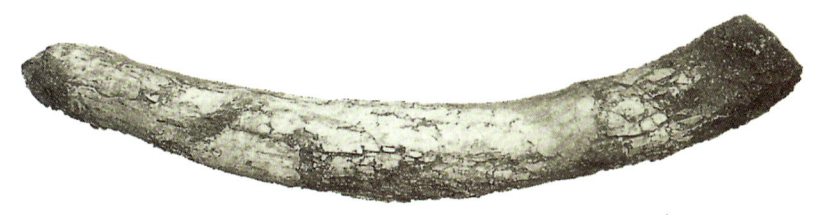

三星堆遗址祭祀坑出土的象牙

从埋藏方式来看，三星堆遗址出土的象牙集中埋藏在祭祀坑的上层，金沙遗址出土的象牙有的集中码放埋藏，有的散落堆积于金沙古河道中，但也都是在祭祀区发现的。因之，有理由让人做出这样的推断：这些象牙和坑内埋藏的那些青铜雕像、金玉制品一样，都是古蜀人在祭祀时使用的祭品。

古蜀人为什么对象牙如此感兴趣，把它们当成祭祀品呢？大象通常生活在热带，古蜀地发现的这些象牙究竟来自何方？如果是外来的，古蜀人又是通过什么渠道得到如此众多成年大象象牙的呢？

一个个谜团，摆在了考古人的面前。

众多象牙都出自祭祀坑（或在祭祀区内），这理所当然地是被人们当成了祭祀品。三星堆遗址和金沙遗址曾各自出土有一件玉璋，其上的图案似乎为印证这一推测提供了依据。三星堆二号祭祀坑出土的那件玉璋上，上下两端各刻画有两组图案，恰好一正一反。图案中的两座山形外侧，各插立着一件粗大的弯形尖状物，有人认定那就是象牙，说明象牙在当时可能是祭祀山川的礼器。金沙遗址出土的一件玉璋上，则刻画着四组对称的扛物跪坐人像，所扛之物一端尖一端粗，似乎也是象牙。有学者因此认为，三星堆遗址和金沙遗址出土的众多象牙应该都是祭祀过后埋藏的祭品，是古蜀人献给神祇的礼物之一。

将象牙作为牺牲用于祭祀，也并不是只有古蜀文明这一孤例。考古人员曾在安阳殷墟遗址先后发现过三座象坑。夏鼐先生于1935年发掘的一座坑内，含

在三星堆新一轮的考古发掘中，也发现了大量的象牙。这些象牙历经火焚，交错堆积在一起，被包含大量竹木炭屑的灰烬层所覆盖，整体呈炭灰色

一具幼象骨骸；王建勋先生于同年发掘的一座坑内，埋有一头成年象和一位殉葬的象奴；1978年，在武官村北地一系列动物祭祀坑中，一座坑内发掘出一具幼象骨骸和一具猪骨骸。不过用象作牺牲在中原商王朝并不普遍，可能只是一种非常之举。

从考古发现看，古蜀人除了用象牙作祭品，也用象牙制作饰品。三星堆二号祭祀坑中曾出土120颗象牙珠及4片象牙器残片，残片上雕刻有兽面纹和云雷纹。新发掘的五号坑中也发现有象牙雕刻残片，上刻画有云雷纹。另在金沙遗址曾出土饼形象牙片，考古人员推测可能是待加工的半成品。

对于三星堆和金沙遗址出土象牙为古蜀人祭祀用品的说法，也有人提出异议。他们推测，古蜀国曾有过一种"象军"建制，那些堆放深埋于地下的象牙，可能是在象阵大战中战亡的象军遗骸。

所谓"象军"，是指像训练士兵一样训练大象，并将其组建成"军队"用于作战。这在古代文献中确有记载，《吕氏春秋·古乐》就有"商人服象，为虐于东夷"之说，可见殷商时代可能存在象军。春秋时期长江中游的荆楚地区，似乎也出现过大象参与作战的战例。《左传·定公四年》记载："锅尹固与王同舟，王使执燧象以奔吴帅。"所谓"燧象"，是指用火烧象尾，使其受惊狂奔。这个故事说的是春秋时期，楚昭王与吴王阖闾对阵失利，为躲避吴军追击，命令锅尹固将火炬系在象尾，大象受惊向着追击的吴兵狂奔，吴军大乱，昭王因之脱险。

这些传说记载是否可信姑且不论，从世界战争史上看，倒确曾有过不少象军作战的实例。训练有素的大象虽不如战马灵活，但战时能冲锋陷阵，有着很大的杀伤力。因此人们推测，古蜀说不定也曾有过象军，三星堆遗址和金沙遗址出土的大量象牙，就很可能是大战中牺牲的大象遗骸。这个推测很有意思，但仅依据现有的发现，尚无法得出确凿的结论。不过面对那些成堆的象牙，却很难不让人作出这样的想象：也许真的有一支颇具规模的"象军"在古蜀大地往来驰骋过。

关于三星堆遗址和金沙遗址出土象牙的来源，同样存在争议。一说来自蜀地；一说来自邻近古国，古蜀人与之通过贸易交换得来。

　　这些出土的象牙经鉴定，为亚洲象的象牙。现代大象有亚洲象和非洲象两种，亚洲象只有雄象有一对象牙，非洲象是雌、雄都有象牙。现代亚洲象主要分布在南亚和东南亚地区，中国只在云南西双版纳一带还有野象生存。故对于象牙产于当地的观点，有人会质疑：在殷商时期的成都平原一带真的会有大象出没吗？

　　从文献记载来看，这种推测还真是"有据可查"。东晋时期蜀地人常璩所作《华阳国志》就曾记载，古蜀国物产丰富，宝物有美玉、犀牛和大象。《山海经·海内南经》也记载说，岷江的水从岷山流出，那里有犀牛、有大象。

　　这些象牙来自当地巴蜀地区的看法得到了不少人的认同。其实不独古蜀地，古代中国因为气候条件与今不同，大象的分布范围远比我们想象的要广，甚至在今华北一带都曾有大象活动。上古时代，即有"象耕鸟耘"的传说故事，所谓"舜死苍梧，象为之耕；禹葬会稽，鸟为之耘"。1973年，考古人员发掘距今约7000年的浙江余姚河姆渡新石器时代遗址，就出土了不少与大象有关的文物，如双鸟朝阳纹牙雕、精美的象牙鸟形匕，以及一块雕有大象图案的陶块。河姆渡遗址中还遗存有大量动物骨骼，经专家鉴定，它们分属于61个动物种属，其中便有大象。可见当时长江下游地区气候温暖湿润，曾有大象活动。那在纬度低得多的古代巴蜀地区出现大象又有什么可奇怪的呢？

　　当然，也有观点认为三星堆、金沙遗址出土的象牙应该是舶来品。古蜀国与邻近的古国有贸易往来，远国的商队带来了象牙，换回古蜀国的特产。为之提供佐证的是遗址中出土的大量海贝，这些显然也是来自遥远海边的物品，不可能是本地所产，所以有人便估计它们是跟象牙一起输入的。

　　总而言之，关于三星堆遗址和金沙遗址出土象牙的产地，究竟是本地所产还是外域引进，现在仍是见仁见智，没有定论，毕竟年代久远，又没有明确的文字记载佐证。或许，三星堆古蜀地象牙的来源在很长时间内仍然会是一个待解之谜。

图腾·祖先·神灵

—— 古蜀国宗教祭祀仪礼探秘

唐代大诗人李白在《蜀道难》一诗中写道："噫吁嚱，危乎高哉，蜀道之难，难于上青天。蚕丛与鱼凫，开国何茫然，尔来四万八千岁，不与秦塞通人烟。"在诗人眼中，古蜀国神秘诡谲，令人发出茫然的浩叹。

千余年后，三星堆遗址在考古工作者的手铲下重见天日，揭开了古蜀国神秘的面纱。高达数米的青铜神树、巨大的青铜立人像、造型奇异的青铜头像、大小不等的青铜人面具……众多的宗教祭祀文物令人惊叹。由此可以得知，古蜀国已有一整套完整的祭祀典仪，更有规模宏大的宗庙。

古蜀祭祀仪礼

虽然在三星堆遗址的发掘中尚未发现神庙（宗庙）建筑遗迹，但后人根据祭祀坑体积之大、出土物数量之多，对其时神庙、宗庙建筑规模之宏伟仍可约略想见。

先看一号坑。一号坑出土青铜人头像十余件；铜罍、铜尊等虽已经火烧熔化，但从残片分辨，至少有三四件；可识别出个体的铜戈、铜瑗各有数十件；铜龙柱形器、铜虎形器等应是某种用器之附件，若加上其他材料的复合器，形体就更大了；数十件玉璋，有的残长就超过了150厘米；十余件玉戈，有的长

青铜大立人像（二号祭祀坑出土）

逾40厘米，其柄部有大穿孔和小圆穿孔，原先应是安有木质或其他材料的附件；另有锛、斧、斤等共六七十件。把这些祭品、祭器及其他礼仪用器陈设在室内，至少需要上百平方米的空间，如果再考虑到祭祀仪式时人员的参与活动，那所需房屋面积就更大了。这就说明，相当于商代前期的一号坑时期，蜀人就有了规模可观的宗庙建筑。

再看二号坑。出土物中，有铜罍、铜尊十余件，与真人般大小的青铜人头像三四十件，青铜人面像、兽面像十余件，各种组合而成的眼形器、眼泡数十件，象牙六十余根，玉戈、玉璋等玉石器近百件，以及青铜神树、青铜大立人像等。其器物在体量上远远超过了一号坑的规模。如出土的两株青铜神树，其中一株保存下来的残件较多，复原后的树冠直径达1.5米左右，树高3.9米以上，真可以称得上枝繁叶茂。还有青铜大立人像，高2.61米；青铜纵目人面像，宽1.38米；以及直径近1米的太阳形器等。从这些宗庙重器、神器的形体来看，安置面积至少为200平方米以上，建筑高度当不低于6米才行。如果把那些眼形器、眼泡复原成神像，再摆上大量的象牙、海贝，顶礼膜拜的人群穿行其间，那么存放二号坑器物的庙堂当不少于400平方米。

另外，考古工作者在三星堆遗址内发现了祭台遗迹。在三星堆古城内，有三个高高隆起的祭台，位于遗址的南缘。其顶部为椭圆形，南北长，东西窄，至今仍高出地面约10米。经过对现存断面的考察分析，证明其为人工堆积所形成。由于土堆里只见商代早期或新石器时代的遗物，不见商代晚期遗存，显示其时代不会晚于商代晚期。根据三星堆遗址所出文物，可推想出这样一个祭祀场面：祭台上树立着一尊高大的青铜立人像，头戴花冠，脚踏方座，其神态极为庄严神圣，此时，它就是万民仰望的"群巫之长"。四周重器纷陈，祭器罗列，高大的青铜神树挺立其间。这是一个何等壮观的祭祀场面。

三星堆二号祭祀坑共出土735件青铜器，其中有三件形制特殊，发掘者将它们定为"神坛及附件"。其中一件（编号为296号）类似方彝，其形状似殿堂建筑，四壁镂空呈龙鸟之状，器顶盖酷似屋顶，器盖四周呈屋檐状，从檐口上还能看见"椽子"和"滴水"，盖顶面上装饰有繁复的纹饰。另一件器物上半部为房屋形，顶部亦为屋顶状，顶下四周每面均塑造有一组跪坐铜人雕像，每个人物的两手均作执物奉献状。屋下四周各有一青铜人像，呈站立姿势，头顶着"房屋"的四角。这件器物被初步定为"神坛"（或称"神殿"）。从这些"神坛"的形制来看，古蜀国当时就已出现规模宏伟、装饰神秘而华丽的宗庙建筑了。

在这三件被定为"神坛"的器物中，编号296号的这件因主体奇特复杂的造型而最为引人注目。广汉三星堆博物馆还依据它的造型复制出了一座巨大的神坛模型，使展厅突显出一种肃穆神秘的气氛。

据发掘者在《三星堆祭祀坑》中的描述，296号神坛当初埋入前，在举行仪式时曾经火焚，它的一半已被烧熔，剩下的一半也变形解体，现经过拼对复原，大体再现了全器的原貌。神坛由下层的兽形座、中层的立人座与山形座、上层的方斗形顶四部分组成。

下层的兽形座底部为圆盘形，上立大头、长尾、四蹄、单翅的两尊神兽雕像；中层的立人座底盘亦为圆形，承托在神兽的独角和单翅上，座

青铜神坛残件（四面坡状屋顶）

青铜神坛残件（屋面上段）

青铜神坛（复制品） 由兽形座、立人座、山形座和方斗形顶四部分组成

青铜神坛方斗形顶局部——持物跪坐人像

上塑有四位持物力士，各面向着四个不同的方向；再上面是所谓的山形座，为四瓣圆弧连缀而成的一个圆形，它承托在下面四立人的头顶上；顶立在山形座四瓣体上的是上层的方斗形顶，方斗形顶实际上为镂空的盒形，四面均铸塑有五位持物的跪坐人像，每面上部的正中还铸有一鸟身人面像；神坛四角之上各有一只展翅的立鸟。方斗形顶的最上端有一个收缩的方形接口，表明上面应当还有拼接的附件。全器残高不到55厘米，兽形座的直径也只有22厘米，结构如此复杂的神坛体量却并不算大，它是否只是一个依比例缩小了的"模型"，我们不得而知。

　　除了规模宏大的祭祀场所——神庙（宗庙），古蜀人还有一整套完整的礼仪用器和宗庙用器。

祭祀坑出土的文物，基本上可归纳为以青铜人头像、人面像、人面具、兽面具、兽面为代表的神灵类；以青铜立人像、跪坐人像等奉祀人物形象为代表的巫祝类；以铜尊、铜罍、铜盘等为代表的祭祀用品；以戈、璋、璧、瑗、环、琮、珠、管、凿、斧、锛等玉石器为代表的礼仪用器（其中如玉凿、玉管等有可能是向神灵奉献祭品时作为辅助工具使用的）；还有以象牙、海贝为代表的奉献给神灵享用的祭品；以及金杖、刻有人物图案的边璋等，它们可能与巫术有关，应归为法器；两株高大的青铜神树上的龙、鸟，及"小神树"上的人面鸟则是来往于天地之间的神灵使者。

从以上分类可以看出，早在3000多年前，古蜀人就有了一整套宗教礼仪用品和宗庙用品，并形成了较为成熟和严谨的宗教礼仪制度。

根据出土物来分析，学者们认为，三星堆时期的古蜀人是以献祭和祝祷的方式与神灵相沟通的。

献祭的方式有四种。

第一种方式是以罍、尊、盘、豆等青铜容器或陶器盛装祭品，向神灵奉献。如一号坑出土的龙虎尊、二号坑出土的喇叭口高圈足尊内均分别装有海贝和玉环、玉管、玉珠等玉石礼器。商代甲骨文"玉"字作" 丰 "或" 丰 "。字形似成串的玉、贝或玉璋。"豐（丰）"字，甲骨文作" 豐 "，字形即是尊、罍等容器中盛满玉或贝等贵重物品的样子。从三星堆出土的罍、尊等装盛玉器和海贝的情况来看，可知蜀人是将祭品装入礼器内陈设在宗庙中，以奉献神灵的。

第二种方式是将祭品放置在一定的地点供奉神灵。二号祭祀坑出土的一件边璋上刻画有用璋和象牙祭祀山神的图案：在两座神山的外侧，各置一射端呈新芽叉口刃状的玉璋，射端向上，邸端朝下；两座神山的内侧靠山峰处，悬置一粗大的弯尖状物，可能是象牙。三星堆遗址祭祀坑内出土了大量象牙，说明蜀人在祭祀神灵时有可能以象牙作为祭品。从二号坑出土边璋上的图案内容来看，可知蜀人祭祀神灵时有将祭品摆放在一定地点进行献祭的方式。

第三种方式是用手握执祭品向神灵奉献。二号祭祀坑出土的手呈握物状的青铜雕像有大立人像、神树座上的跪坐人像、神坛下层的小立人像，而两手

青铜神树底座残件（二号祭祀坑出土）

青铜顶尊跪坐人像（二号祭祀坑出土）

上下重叠成执握方式的雕像有神坛上层的小跪坐人像，以及一尊头部残缺呈跪坐姿式的小铜人像。这两类握姿不同的青铜人像手中所执为何物？我们可以从神坛中人像握物的情形得到启示。神坛下层人物手臂的姿态呈抬握方式，手中所握为枝藤状物品；上层人物的手姿呈执握方式，所执之物残缺，但从动态、形制相近的跪坐小铜人残像手中所握为玉璋来推测，其手执之物应为射端为禾芽叉口刃状的玉璋，这种形制的璋在二号坑中出土了多件。璋是祭品，由此可知，枝藤状物也可能是祭品，那么，这些站立或跪坐的人像手中所握便应是奉献给神灵的祭品了。

　　第四种是头顶礼器向神灵奉献。如二号祭祀坑出土的青铜顶尊跪坐人像，人像跪坐于喇叭口圈足座上，座圈镂空，人像头顶一高圈足喇叭口尊，两手捧着尊腹两侧。甲骨文"尊"字作"🏺"，像双手举尊作供奉之状，表示对神灵的崇敬之意。这件跪坐顶尊人像十分形象地表现了用尊祭祀鬼神之礼，其形象、动态与"尊"字的甲骨文字形也是一致的。

一号祭祀坑出土青铜跪坐人像

　　古蜀人不仅以献祭的方式与神灵沟通，以博得神灵的愉悦，招引神灵的降临，而且还用祈祷的方式以求神灵的庇护。一号祭祀坑中出土有一件青铜跪坐人像，其头发向后梳理，发梢又反转向前披卷，从面部特征看，似是铸成戴有面具的形象。从侧面看，这件跪坐人像的样子酷似甲骨文字"祝"（祝）。甲骨文"祝"字作"祝"或作"祝"形，前者字形象一人跪于T形祭台前，张口作祝祷状，后者则像是在祭台上摆放祭品。有学者指出，这件青铜跪坐人像表现的应是"祝"的形象，这类巫祝人物正是人们与鬼神进行沟通的中介。

图腾、祖先和神灵

蜀人宗教活动崇拜的对象是图腾、祖先和各种自然神灵。

图腾崇拜在出土金杖的图案中就有所反映。三星堆祭祀坑金杖出土之后，其上镂刻的鸟负箭射鱼图案即引起了人们的兴趣和关注。其寓意究竟是什么？成为学者们探究的课题。

事实上，在国内其他一些史前遗址中，早就出现过类似的"鸟啄食鱼"或"鸟衔鱼"的题材。如距今六七千年的仰韶文化遗址中就先后出土过两件：在北首岭遗址出土的彩绘蒜头壶上绘有鸟啄食鱼的图案，被称为"水鸟啄鱼图"；在临汝阎村遗址出土的陶缸上绘有白鹳衔鱼、旁有一斧的图案，名为"鹳鱼石斧图"。

鹳鱼石斧图陶缸（仰韶文化）

对这类题材的实际含义，学界众说不一。过去普遍认为图中的鱼和鸟都是氏族的图腾，因此认为在"鹳鱼石斧图"中，是以白鹳为图腾的氏族战胜了以鱼为图腾的氏族。"水鸟啄鱼图"的寓意也当如此。但也有人认为，"鸟衔鱼"和巫师利用动物沟通天地的巫术有关，或认为其象征着阴阳之道。但无论上述何种说法，用来解释三星堆金杖上图案的内涵都难以成立，虽然它们在图案形式上非常相似。

有学者根据《华阳国志·蜀志》及《蜀王本纪》等古籍中关于古蜀蚕丛、柏灌、鱼凫、杜宇、开明诸朝的传说，提出了新的见解。从书上所云这些王朝君主或"各数百岁"或"积百余岁"的记载来看，这些所谓王者其实应是蜀国各王朝的尊神。柏灌、鱼凫、杜宇三朝都是崇拜鸟并以鸟为图腾的，因而鸟在

鸟头把勺残件（三星堆遗址出土）

古蜀文物中经常有所反映。

　　那么，古蜀人崇拜的是哪一种鸟呢？"鱼凫"这一王朝名中似乎透出一些信息。文献中曾有"鱼凫王都瞿上"的记载，据考证，瞿上即在今三星堆一带。通常所说的凫是一种水鸟，如《诗经・大雅・凫鹥》注："凫，水鸟。"一些学者考证，古蜀人所指的"凫"，就是鸬鹚，善捕食鱼类，今川人把鸬鹚称作"鱼鹰"或"鱼老鸭"。《梦溪笔谈》中曾有记载："蜀人临水居者，皆养鸬鹚，绳系其颈，使之捕鱼，得鱼则倒提之，至今如此。"

　　在杜宇氏"教民务农"之前的鱼凫氏时代，蜀人的经济以渔猎为主，艰辛异常。为求得神灵庇护，缓解艰难生活所带来的心理压力，图腾崇拜便顺势而生，也因此有了巫、祀的发展。古人为维持生计、保障生活资料来源所采取的各种措施中，"顺势巫术"或"模拟巫术"占有十分重要的地位。精心模拟所要寻求的东西，这是世界上很多民族在历史中极为常见的巫术现象。如中国的独龙族和鄂伦春族在狩猎前夕，往往用绘画或面塑的形式绘制出各种狩猎物的形象，然后用弓、弩对其射击，射中即预示着狩猎必然丰收。三星堆所出金杖图案，那鱼被箭射杀，鸟连箭杆带鱼驮负着成队归来，应是蜀人根据顺势或模拟巫术的原理雕刻出来的一幅通过巫术而希冀渔猎成功的"祈祷图"。在一号坑中出土了大量的鱼形璋，一号、二号坑中均出土有大量的鲢鱼头形凿，这些似为我们提供了佐证。

除了图腾崇拜，三星堆祭祀坑中的文物更多地反映了古蜀人祖先崇拜之风和对各种自然神灵的崇拜。

一号、二号两个祭祀坑都出土了青铜人头像、青铜人面像、青铜兽面具等，这些人头像、人面像应是代表着祖先亡灵，兽面具则是集多种动物特征于一体的形象，反映的应是各种自然神灵精怪。此外，还有太阳形器、眼形器、眼泡等器物，可能是用于镶嵌在某些神灵面像上的饰件或附件，所代表的也应是各种自然神灵。

在科学技术极不发达，征服自然的能力还比较薄弱的远古时代，人们对风雨霜雪等自然现象、水旱疫疠等自然灾难还无法解释，相信一切人间祸福都是由上帝支配，而祖先亡灵又是通达上帝的最好媒介。上帝的旨意表现为鬼神的启示，以梦幻的形式兆示人们祸福的来临。所以古人尚鬼神，崇拜祖先亡灵，通过祖先的亡灵向天帝吁请，并祈求庇佑，这便是古代蜀人对祖先亡灵崇拜的由来。

上述各种代表祖先亡灵的青铜头像、青铜面具，和代表各种自然神灵、精灵的兽面具等，其本身并不是祭祀的对象，而是所代表的各种神灵的降居之处。只有在人们通过仪式和献祭的方式招引神灵降居之后，它们才分别代表着各种神祇，得到人们的虔诚膜拜，充当护佑之神。

那么，这些青铜人头像、青铜人面像和青铜兽面像，在祭祀活动中采用的是什么使用方式呢？

众多的青铜人头像，它们颈部无一例外地都铸成了倒三角形，如果立放在地上或土台上，显然无法摆稳，除非将尖锐部分插入土中，或者倒置。发掘者对此最初的解释是，这种奇特的造型与商代祭祀活动中的"人祭"和"杀牲祭"有关。祭祀坑中出土的青铜人头像，出土时有的内装海贝，有的内插象牙，且均被火烧过，这种情况，"不像是作为祭祀对象——'神祇'，而像是

青铜人头像（一号祭祀坑出土）颈部做成倒三角形

作为祭品——'人祭'的代用品。颈部做成倒三角形,很可能用它们象征被杀的'人牲'"。但后来发掘者自己否定了这一看法,大多数青铜人头像是铸成戴有面具的形态,"面具代表着神灵,戴有面具的造像而作为牺牲,从宗教感情上是讲不通的"。

人头像颈部均铸成倒三角形,省略了V字领以下的衣饰部分,为了反映辫发,所以颈后的倒尖角比颈前的长得多。此外,考古人员发现,有的铜人头像一侧铸有一小穿孔,这些都说明"铜头像是另有木柱或'身躯'之类的附属物配合使用的"。这些配合使用的身躯,有可能是木制的,也可能是泥塑的,因无出土实物,这只是一种推测。

至于青铜人面像,除了一号坑出土一件比较轻巧,二号出土的20件都比较厚重,显然不适合戴于人面部,它们的使用方式是怎样的呢?学者们也提出了几种不同看法。

陈显丹先生认为青铜人面像是用双手捧举作为巫觋舞蹈使用的道具;范小平先生认为这些青铜人面像的额头与两耳旁有用于悬挂或固定的孔,应是固定在泥塑或木质偶像上发挥特殊的装饰作用,即一种图腾化的艺术形象,并不象征祭祀者或被祭祀者;陈德安先生认为这些青铜人面像是作为祭祀对象悬挂使用的,或是多件并列起来当作图腾柱使用;赵殿增先生则认为这些面具两侧有四个长方形榫眼,似为安装在大型器件上或组装在大型柱状的建筑或构件上,被高高地供奉起来,因此,它们都是受人膜拜的神像。

综合以上推测和分析,可知三星堆青铜人面像的使用方式,很有可能是配以木质或泥塑身躯陈设使用,也可能是镶嵌在宗教祭祀性质的建筑物上。此外,也不能排除直接摆放在祭祀场所的土台或祭坛上使用的可能性。至于祭祀的场所,是在宗庙、神庙内,还是在露天的祭台上,或是空旷的广场上……这尚需作进一步更深入地探讨。

三星堆祭祀坑中出土的青铜立人像,众多的青铜人头像、青铜小人像,甚至包括人面鸟身像,都被铸成了戴面具的形象,这决非随意发挥或游戏之作,很明显贯注了古代蜀人的某种崇拜习俗和信仰观念,被赋予了强烈的象征含义。

青铜人面具（二号祭祀坑出土）

　　中国古代称面具为"魌头"，认为其可存亡者魂气，亦可驱鬼逐疫。巫祝或祭司戴上面具就可以和上帝、鬼神和祖先亡灵沟通，或代表他们说话，进行祈祷。根据一些民族学的材料，可知巫祝与亡灵沟通、和鬼神打交道的基本方法有两种：一种是巫师过阴，由灵魂去找鬼神；另一种是吁请神灵降临附体，降神的范围主要是上神以及先祖。在商代的甲骨文中，商人以物质形式表现灵魂的"鬼"字——"𦥯"，其字形似一个戴面具跪坐的祈祷者形象，显示出巫祝、祭司戴上代表上神或祖先亡灵的面具，就能获得超自然的神力。

青铜夔龙兽面像（二号祭祀坑出土）

在中国古代文献中，很早就有关于面具的记载。如《周礼·夏官》："方相氏掌蒙熊皮，黄金四目，玄衣朱裳，执戈扬盾，帅百隶而时难，以索室驱疫。"注疏云，其意就是"惊驱疫厉之鬼，如今魌头也"。"时难"即"时傩"，是指每年按时节变化而固定举行的傩仪（驱鬼仪式）。由此可知戴面具进行祭祀活动的习俗由来十分久远，商周时期即已兴盛于黄河流域，并同样盛行于长江上游成都平原古蜀地区。

商周以后，以戴面具为主要特征的傩祭、傩舞和由此发展而成的傩戏曾继续流行，在有些地区一直延续至今。唐代段安节《乐府杂录·驱傩》说："侲子五百，小儿为之，衣朱褶素襦，戴面具，以晦日于紫宸殿前傩。"侲子，又称"侲僮"，即祭祀活动中的男巫。由此可知古时傩祭、傩舞的规模。

从更广阔的范围来看，面具是世界人类文明发展史上一种特殊的宗教文化产物。过去，曾有人认为面具代表的是愚昧落后，事实上，面具全都产生于古代文明最发达的国家和地区，如古埃及、古希腊、古罗马以及古代的中国和印度。古人认为，面具是神灵、精魂寄居之所，象征着神灵、权力和地位。

三星堆青铜造像群中头戴面具的造型，数量众多。它们显然都带有"巫"的特点，被作为祭祀者的象征，同时，也展现出复杂的、多层次的含义。

其一，它们代表着古蜀国的群巫集团，应是古蜀国神权的象征。青铜大立人像双手作握物奉献状，表明了其神秘的身份应是能够沟通天地、传达上帝鬼神意志的人物，是主持祭祀活动的最大的巫。而众多的可能套在或镶嵌在木质或泥塑身躯上使用的青铜人头像或人面像，则象征陪祭的巫。它们代表的应是古蜀族和古蜀国宗教首领阶层。

其二，它们也是古蜀国统治阶层的象征，既代表着神权，也代表着王权。在文明的早期阶段，神权和王权通常是统一在一起的。三星堆古蜀时代的宗教祭祀活动，便具有强化神权和王权统治的重要作用。学者们大都认为，高大的青铜立人像，头戴冠冕，身穿华服，形态尊贵，可能象征着古代至高无上的蜀王和大巫师，而其他众多的青铜人头像和人面像，个个气概英武，可能代表着古代西南地区各个部落的首领。他们共同组成了古蜀国的统治阶层。

青铜神树

在三星堆二号祭祀坑出土有令人惊异的青铜神树。

拼合修复后显示，二号祭祀坑共出土青铜神树6件，其中"大神树"2件，"小神树"4件。"大神树"又分一号神树和二号神树，它们的造型基本相同。无论在中国考古史上，还是在世界各地载入史册的重大考古发现中，三星堆古蜀遗址出土的青铜神树都称得上是绝无仅有、极为奇特的器物。

一号神树最大，由树干、树底座及树旁的飞龙三部分组成，通高3.96米，树干残高3.84米。树底座呈圆锥状，座上和下面的座圈上都有由⊙（代表太阳）和云气纹构成的图案，整个树底座似象征高耸的神山。青铜神树长在"神山"顶部，三条根茎外露，显得神树苍劲挺拔；树干由下至上伸出三层树枝，树尖上的莲花状花果已残，下侧的树干上和花果果托下均铸出光环；每根树枝上的花果均为一个上翘，另一个下垂，上翘的花果上均站立一鸟；在树的一旁，又铸出一条陶索状身躯的马面飞龙蜿蜒而下。

古蜀人采用极其高超的青铜工艺和造型技艺铸造了这件充满了想象力的青铜神树，对其似寄寓着丰富而深刻的含义。在我国古籍中，神树通常被描述成极其神奇的植物，它们生长在日月出没的地方，是沟通宇宙的象征。

在中国上古神话中，最有影响力的"神木"有建木、扶桑和若木。

传说"建木在都广，众帝所自上下。日中无景（影），呼而无响，盖天地之中也"。（《淮南子·地形训》）都广在天地之中，建木在都广，起到天梯的作用，颇似西方的"宇宙树"。《山海经·海内南经》描述建木，"其状如牛，引之有皮，若缨、黄蛇。其叶如罗，其实如栾，其木若蓲，其名曰建木"。从这两棵三星堆祭祀坑出土的"大神树"来看，造型不像建木，而和《淮南子》《山海经》等有关扶桑、若木的记载较为符合。

《淮南子·地形训》："若木在建木西，末有十日，其华照下地。"高诱注："末，端也。若木端有十日，状犹莲华，华，犹光也，光照下地也。"《山海经·海外东经》："汤谷上有扶桑，十日所浴，在黑齿北。居水中，有

修复后的一号青铜神树（二号祭祀坑出土）

一号青铜神树局部

大木，九日居下枝，一日居上枝。"《淮南子·天文训》："日出于旸谷，浴于咸池，拂于扶桑，是谓晨明。"从文献记载来看，扶桑和若木都和太阳关系密切。扶桑居于东方的旸谷，建木在天地之中，若木则在建木之西，位于天地的西极。在古人的宇宙观看来，太阳早晨沿着扶桑升起，傍晚则顺着若木慢慢降落，进入羽渊，然后经过黄泉，第二天又从扶桑上徐徐升起，就这样周而复始地运转着。

　　其实，有关扶桑和若木的神话传说，不过是古人观察日出和日落天象的直观记录。当太阳从海面（或高山）上升起或者降落时，因受云层中水蒸气的影响会产生分光衍射，将日晕拉长形成一树形光柱，好像太阳是沿着树形光柱升起来的，这种日晕现象古代叫作"日直"。在今天，这早已有了完整的科学解释而不足为奇，但在古人的眼里，"日直"这种太阳光柱的出现，往往被看作是具有某种神力的特异现象，预示着人间福祸吉凶的到来。这就是古人对日神朝迎夕送的由来。三星堆二号祭祀坑出土的这两件"大神树"，应是古蜀人崇拜太阳神的祭祀实物。从二号祭祀坑青铜神树的形状、树座上代表太阳的⊙符号和周围的气团 —— 云气纹，以及立鸟、花果果托下的光环等内容来看，它们应是古蜀人在宗庙中祭拜太阳神时所使用的，代表着东方日出的扶桑和西方日落的若木。

事实上，古蜀人对太阳的崇拜在其他出土文物中也得到了反映。

二号祭祀坑中出土有一种类似车轮的圆形铜器，堪称三星堆出土物中最令人费解的器物之一。出土时，该器物大多残损，碎成数块，从残片分析，它们分属六个个体。经拼对修复，其中的两件较为完整，直径约为85厘米。车轮形铜器的造型分为三部分：中央为一凸起的大圆泡，形如圆底覆盘，中心有一穿孔，周围凹作环形边栏；中间有五根放射状的"辐条"，连接并支撑着内圆和外圈；外圈为一大圆环，形如车的轮毂，上有五个等距的圆穿与"辐条"相应。这些轮形器的中心和周围有可以用钉子固定的穿孔，学者由此推测，它们应当是安装在某种器物或建筑物上作为装饰的饰件。

关于此种器物的功能和寓意，也有多种看法。有学者认为是车轮；林向先生在《蜀盾新考》一文中认为是盾饰；樊一先生在《三星堆寻梦》一书中认为是"常设在神庙中的神器"，"或用于某种祭祀仪式，钉挂在某种物体之上，作为太阳的象征接受人们的顶礼膜拜"。

"车轮说"受到诸多学者怀疑。因为从历来的考古发掘情况看，中原和关中地区，马车的普遍使用是在商代后期，这一时期的中原地区和关中地区的墓葬中多次发现了马车，而四川盆地在战国时期遗存中仍未见马车或青铜车马器出土。另外，从"轮形器"本身来看，很容易破碎，似难以支撑任何车辆。林向先生在《蜀盾新考》一文中，还专设"车轮辨"一节，将三星堆轮形器与商周马车的车轮相比较，从"大小悬殊""轮辐不对""结构不合""孤证难立"四个方面驳斥了"车轮说"。

"盾牌说"则比"车轮说"合理一些，在西南地区的考古发掘中，的确出现过用直径达三四十厘米的"大铜泡"作为盾饰的实例，如重庆巴县（今巴南

太阳形器（二号祭祀坑出土）
在二号坑的发掘简报中，发掘者一度将其定为"车轮"（车形器），但在后来出版的
《三星堆祭祀坑》一书中将其改称为"太阳形器"

区）冬笋坝和四川广元市宝轮院的船棺墓中均出土有盘形铜盾饰。但此说也有
一些不好解释的问题，如轮形铜器的直径达85厘米，作为盾牌，其重量对于使
用者来说显然太过沉重。因此，有专家认为，这种轮形铜器作为盾牌的可能性
是不大的。

　　综合以上一些因素考虑，现学术界倾向于认为轮形铜器应称为"太阳形
器"，它是三星堆古蜀文明中太阳崇拜的见证之一。

眼睛的崇拜

纵观三星堆遗址和金沙遗址出土的青铜文物，古蜀人对眼睛的塑造让人印象特别深刻。

三星堆出土的象征蜀人始祖蚕丛的纵目兽面具，其造型特点除了高耸的夔龙状的额饰，便是一双特别突出并向前伸出的眼睛。殷墟甲骨文卜辞中的"蜀"字，其字形，下似蜷曲着身子的爬行动物（应为蚕虫形象），上为一只"大眼睛"。西周早期《班簋》铭文中的"蜀"字，除了其下蜷曲的虫形，上部亦为大大的"眼睛"。甲骨文和金文中的"蜀"字，应是指川西平原的古蜀。不论是甲骨文或金文，还是纵目兽面具，都特别强调那双大眼睛，可见华夏民族和川西古蜀族一样，在对蜀人始祖神的认知上是相同的。

三星堆遗址二号祭祀坑中曾出土了数十件组合方式不同的青铜眼形器，有人认为，这也是"蚕丛纵目"和"眼睛崇拜"的遗迹。

青铜眼形器有三种形式。第一种为菱形，中间有一瞳孔外凸，四角有穿孔；第二种为菱形眼形器的一半，作等腰三角形状，由两件拼合成和第一种同样的形制；第三种为菱形眼形器的四分之一，作直角三角形状，由相同的四件拼合成第一种的形制。这三种眼形器都是宗庙里神像的眼睛，共同的特点是瞳孔较突出，应具有某种特定的含义。

有关眼睛崇拜的题材还见于三星堆出土的日常生活用器和装饰品，如一件陶高柄豆的圈足上刻画有眼目形符号，另一件相当于二里头时期的铜牌饰，上有镂空的眼睛纹样，其形状和二号祭祀坑出土的菱形眼形器十分相似，上下眼眶之间似还刻画有眼睫毛。

二号祭祀坑还出土了数件近似纵目面具眼睛的眼泡，眼泡的种类较多，有半球形、弧形四边形、圆角四边形、圆柱形等。其基本形状和出土的纵目兽面具的眼睛相同，或为这种眼睛的变体，有的眼泡略呈平行四边形。

由上可见，在三星堆出土文物中有关眼睛崇拜的题材较多。突出眼睛，并进行强烈地夸张表达，是三星堆青铜艺术的一大特点。如青铜人面像、人头像

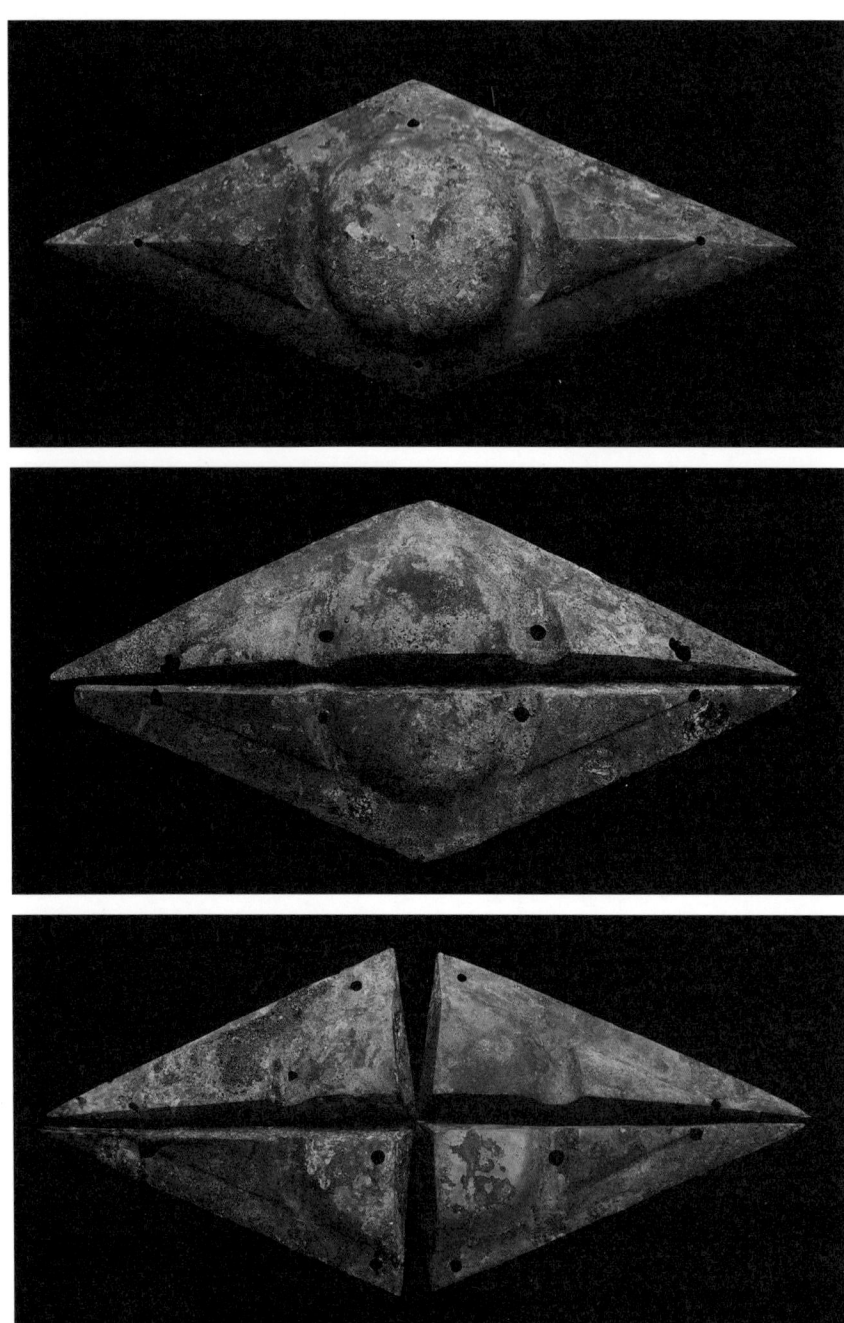

各式菱形眼形器（二号祭祀坑出土）

三星堆遗址出土高柄豆圈足上的"眼纹"

青铜眼泡（二号祭祀坑出土）

的粗眉大眼，青铜兽面具向前凸出十余厘米的眼睛，青铜尊、罍上兽面纹鼓凸的双眼等，都是以突出和夸张表现眼睛为特征。这反映了古蜀人眼睛崇拜的习俗。

从现代生物学的观点看，动物的眼睛长得平与凸，是与动物所处环境的光线强弱相关的。如海洋中的鱼类，生活在浅水处的鱼，眼睛平凹，而深水处的鱼，眼睛凸出。其原因在于浅水处光线较强，深水处的光线较弱，鱼类不得不通过"调焦"来分辨方向和看清物体。

"蚕丛纵目"应和蜀人居住生活的自然环境有关。蜀地复大多雨，冬天雾大，一年四季晴朗天较少，故有"蜀犬吠日"之说。

在《山海经·大荒北经》中记载有掌管光明之神"烛九阴"（又称"烛龙"），其特征是"人面蛇身而赤，直目（纵目）正乘，其瞑乃晦（闭着眼睛天下一片黑暗），其视乃明（睁开眼睛天下一片光明）"。有学者推测，蚕丛不但是蜀人的祖神，也许和烛九阴一样也是掌管光明（太阳）之神。如果真是这样，三星堆出土的许多眼形器、眼泡的内涵应该和太阳崇拜有着一定的关系。

事实上，从考古发现来看，类似三星堆这样对眼睛夸张表现的文物实例在中国大地上还有不少。1988年，江西新干大洋洲发掘了一座商代大墓，墓内随葬青铜器数量达480余件，是江南地区商代青铜器的一次重大发现，其中有件高60厘米的双面青铜人面神像，顶有双角，尖耳阔鼻，露出獠牙，面像上那圆睁的

良渚古城遗址反山王陵墓葬出土玉琮之"神人兽面像"纹饰，其椭圆形重圈大眼，格外醒目

双目也是极度夸张。河南安阳殷墟遗址曾出土过一件神人侧面白石雕件，具有长江流域石家河文化风格，属商代晚期之作，其"臣"字形大眼亦格外醒目。浙江杭州良渚文化遗址出土了许多玉器，其雕刻的纹饰不乏造型奇特者，尤其是神人兽面像，也是瞪着大大的眼睛。

为什么这些文物在眼睛的塑造上都这般夸张？

美术史论家巫鸿先生将三星堆遗址出土的一件未雕出双目的跪坐石人像与眼睛高度夸张的青铜人像进行了对比分析。

这件石雕跪坐人像出土于20世纪30年代，后流失海外，现藏于美国芝加哥美术馆。雕像面部"挺直的鼻梁两侧略微内凹，平缓的曲面将高起的颧骨和突出的额头连接起来，在这两个凹面上却看不到任何雕刻的痕迹"——工匠未刻出其双目。"相反，人像的耳、口、鼻皆以立体形式精细地表现出来。这种对比显然说明雕刻家不只是省略了双目，而且是着意强调双目的缺失"。而青铜人像的眼睛则被夸张到无以复加的程度。三星堆出土的大多数铜人像都有一双引人注目的杏核状倾斜的巨目，其上部有粗阔的眉毛，下部有深陷的凹槽。最鲜明的特征是双目中央的一道横脊，使其眼球变成一个有棱角的几何体。另一类铜人像的眼睛更令人惊奇，其瞳仁从眼球表面突出成柱状，二号祭祀坑出土的三件怪异的大面具都有这样的眼睛。

这些变形、夸张的眼睛到底传达了什么信息？在同一文化中为什么还制作了一组没有表现眼睛的石雕跪坐人像？考古材料所提供的直接线索很少。但在

三星堆遗址出土跪坐石人像（美国芝加哥美术馆藏）

西方艺术史研究中，眼睛的表现形式、象征意义，以及眼睛与礼仪、宗教观念的关系等问题一直备受关注。

大卫·弗里德伯格在《形象的威力》中对"眼睛"的问题进行了专门研究。他认为，一尊偶像的观看者会不断发现自己被偶像的眼睛所控制，这种力量极强，使观者难以回避，由此可见"眼睛"具有强大的力量和信念。

与之相关，佛像、神像塑成，最后的步骤往往是"开眼"，信徒们择吉日举行仪式，为偶像画眼点睛，使偶像获得"生命"。传说，西晋卫协、南梁张僧繇在画龙时都不点睛，因为他们担心一旦点上眼睛，这一神异动物就能具备生命力破壁而去。然而有一天张僧繇经不住别人的鼓动，为壁画中的龙点了目睛，顿时，雷电破壁，龙果然活了起来，腾空飞去。这些都从一个侧面反映了人们对偶像"眼睛威力"的敬畏。

石雕跪坐人像与青铜纵目人面像都反映出古蜀人对眼睛威力深刻的认识，但对这种认识的表现却截然相反——石雕跪坐人像的眼睛被省略，纵目人面像的眼睛则被夸大。《华阳国志·蜀志》记载，"有蜀侯蚕丛，其目纵"。有研究者指出，"纵目"实际上就是对三星堆面具上柱状眼睛的描述，因此这些面具表现的是蜀国统治者蚕丛的形象。无论这个解释的可信程度如何，这一记载清楚地反映了古蜀人的一种观念，即具有特殊身份的王者有一双形状奇异的大眼睛。

无眼的石雕人像与青铜人像、青铜面具不同，它们表现的应是社会地位极低的人物。石雕跪坐人像是裸体，这与青铜大立人像华丽的衣着形成了强烈的反差。其次，跪坐人像双手捆缚于身后，可能是俘虏或奴隶。而青铜人像无一例有这样的姿态，它们往往手执礼器，显然是祭祀中的偶像。在青铜时代，俘虏或奴隶常常被用作人牲，而在三星堆石雕人像上则表现为面部不雕刻出双目，这种艺术表现手法本身即意味着一种象征性的杀戮，正如大卫·弗里德伯格所言，"夺其眼睛即等于夺其生命"。

鱼凫后人

—— 三星堆遗址居民的族属

古蜀传说

四川古称蜀。从文献记载来看，蜀人发端甚古。据晋常璩《华阳国志·蜀志》载，"蜀之为国，肇于人皇，与巴同囿。至黄帝，为其子昌意娶蜀山氏之女，生子高阳，是为帝颛顼，封其支庶于蜀，世为侯伯，历夏、商、周。"这里提到的关于蜀人起源的传说，有较多神话成分，当然未可尽信。但有一点是可以肯定的，古蜀族是古代西南地区一个古老的部族，也是商王畿以外的一个强盛的方国。早在夏商时期，蜀和中原王朝就有交往。如殷墟甲骨文卜辞记录，商王朝曾向蜀抽调射手三百；武丁时期，商王朝还征调军队讨伐过蜀。但此后古蜀的历史即被湮没在华夏族的历史记忆中，仅于一些古籍中略见只言片语。

据《蜀王本纪》《华阳国志》等记载，在先秦时代，古蜀国先后经历了蚕丛、柏灌、鱼凫、杜宇、开明诸部族建立的王朝。其中，只有开明氏的世系稍详。传说，杜宇禅位开明，开明氏统治蜀国共历十二世，经历了350年后为秦所灭。周慎靓王五年（前316），秦攻打古蜀，蜀王开明十二世"自于葭萌（今四川广元昭化）拒之，败绩。王遁走，至武阳（今四川彭山），为秦军所害。其傅相及太子退至逢乡，死于白鹿山，开明氏遂亡"。至此，古蜀国灭亡。据此推测，杜宇开始统治蜀地是在公元前666年，时当春秋中期。而其他几个王朝，由于文献记载得语焉不详，其生存的时代所对应的考古学文化是什么、其各自延续的时间有多久、相互间的更替又是怎样的，一直扑朔迷离。更有甚者，连蚕丛、柏灌、鱼凫、杜宇、开明这些名称究竟是传说中的人物还是确有其人，是人名还是族称，也是众说纷纭。这更为传说中的古蜀历史抹上了一层神秘的色彩。

古蜀传说中的几大部族，蚕丛是最早的一个。因而若说起古蜀的历史自然应当从"蚕丛"说起。《蜀王本纪》《华阳国志·蜀志》均言，蚕丛、柏灌、鱼凫三代为王，开创了古蜀国最早的历史。

不过，《华阳国志·蜀志》的记载显然受到了《史记·五帝本纪》关于"黄帝封昌意、玄嚣于蜀"的影响，事实上，蚕丛、柏灌、鱼凫并不是中原王朝分封在蜀的侯伯，而是巴蜀一带兴起的本土势力。据章樵注《蜀都赋》引《蜀王本纪》，"蚕丛始居岷山石室中。"按史家考证，这个蚕丛部落是氐族的一支，世代居住在岷山一带。由于山高路险，不能像平原那样建起"木骨泥墙"，便因地制宜，在山崖上凿起"石室"用来居住。传说，这是一个善于养蚕的部族，他们的长相和穿着很奇特。《蜀王本纪》云："是时，人萌（民），椎髻左衽（一版本作"左言"，意谓与中原语言不同），不晓文字，未有礼乐。"

蚕丛氏为了寻找更好的发展空间，部族从山地向平原迁徙，从许多古地名中可以看出当时蚕丛氏从岷江向南迁入成都平原的大致线路，如明曹学佺《蜀中名胜记》就记载有"蚕崖关""蚕崖石""蚕崖市"等。

从考古材料来看，三星堆的确出土了不少与传说中蚕丛氏相貌、穿着一致的青铜造像，如人像面具中的纵目式面具和椎髻、左衽服饰的人头像、立人像等。尤其是二号祭祀坑出土的形制奇伟的青铜纵目人面像（也有人称其为"纵目兽面具"），更是予人以极大的想象空间。这种纵目人面像共3件，小者2件，大者1件。形象为方面，宽额，两颊微内收，口阔而深，嘴角向上斜，口中舌微外吐；阔眉大眼，眉尖上挑，眼球为弧边菱形呈柱状向前凸出，眼球中

青铜纵目人面像表现为人和多种动物特征的集合体，似为古蜀先祖蚕丛的图腾形象

部还有一圆镯似箍，如同奋力睁眼，连同眼肌都附着在眼球上并被拉了出来，好像整个世界都要被这酷似望远镜头的双眼看个透彻。

　　这种青铜纵目人面像的出土，很好地诠释了过去争论不休的"蚕丛纵目"传说中"纵目"的真实含义。

　　在有关古蜀历史的记载中，蚕丛是蜀国最早的统治者，因而蜀人把蚕丛奉为始祖神。《华阳国志·蜀志》记载："有蜀侯蚕丛，其目纵，始称王，死作石棺石椁，国人从之，故俗以石棺椁为纵目人冢也。"其中"纵目"一词，过去许多研究者都不得其解，故而众说不一。有人根据近代方志中"蜀中古庙多有蓝面神像，面上硪礴如蚕，金色，头上额中纵目，当即沿蚕丛之像"的记载，认为"纵目"就是额正中又长了一只眼睛，仿佛神话传说中二郎神的样子。有人则推想"纵目"大概就是在眼睛上刺青。还有人认为"纵目"就是眼睛向外长出，但此说颇为人质疑，因眼睛向外长出显然有违人体结构。故又有人采取了折中说法，认为所谓"纵目"只是古蜀人对其祖先形象的一种追记，不一定非要拘泥于某种真实形象不可，这种纵目形象很可能是古蜀人的蚕丛图腾像。

二号祭祀坑这种眼睛向外凸出的青铜纵目人面像出土后，考古人员坚信，所谓"纵目"就是向前长长凸出的眼睛。因三星堆遗址是早期蜀文化遗址，也是古蜀国早期的都城，把在这个遗址范围内出土的这种眼睛向前纵出的人面像与蜀族始祖神"蚕丛纵目"的形象相联系，应是顺理成章的事。如果此说成立，那么二号坑出土的青铜纵目人面像就应是蜀族始祖神蚕丛的形象，由此"蚕丛纵目"的千古之谜也随之而解了。

广汉三星堆一带建城很早，而且曾经发生过多次部族间的争斗。明曹学佺《蜀中广记》引《仙传拾遗》记载了一则故事，就说到当时三星堆一带部族间的争斗情况：

> 蚕女者，当高辛氏之世，蜀地未立君长，各所统摄，其人聚族而居，遂相浸噬。广汉之墟，有人为邻土掠去已逾年，惟所乘之马犹在。其女思父，语焉："若得父归，吾将嫁汝。"马遂迎父归。乃父不欲践言，马跑嘶不龁，父杀之，曝皮于庭中。女行过其侧，马皮蹶然而起，卷女飞去。旬日见皮栖于桑树之上，女化为蚕，食桑叶，吐丝成茧。

这则故事颇富神话色彩，但它记录了古蜀时期"广汉之墟"各部落间的矛盾关系，故显得十分珍贵。

蚕丛在蜀地三星堆一带做了多少年的部落"酋长"？《蜀王本纪》记载：

二号祭祀坑出土的金箔
鱼形饰件，形似鱼形，
又如柳叶，其基部为鱼
头形，顶端有一小孔，
两侧刻有凹槽

"蜀王之先名蚕丛，后代名曰柏灌，后者名鱼凫。此三代各数百岁，皆神化不死，其民亦颇随王去。"可知蚕丛氏在蜀统治的时间有"数百岁"。这当然不可能是指蚕丛氏本人做了几百年的部族首领，而是以蚕丛为号的时代持续了几百年。蚕丛氏在蜀为王的年代，据考古学家推测，应相当于夏代。因为三星堆遗址城墙筑于商代早期，是鱼凫王统一古蜀国后才修建的。而蚕丛氏又比鱼凫早两个"数百岁"，所以其年代应与夏相当。蚕丛虽然"始称王"，但明显还不具备国家君主的性质，可能仅是以血缘为纽带的部落集团酋长，正处于原始社会末叶军事民主主义的晚期。

三星堆遗址出土的器物同文献记载的古蜀国蚕丛、柏灌、鱼凫、杜宇时代的传说有诸多吻合，这也可以说是考古工作者从地下找到了古蜀国的历史，为文献记载提供了重要印证。传说中的古蜀王朝并非子虚乌有，成都平原在商周时期甚至更早确实存在着繁荣昌盛的青铜文化及古城、古国。显而易见，岷江流域作为中华文明的重要发源地之一，拥有同中原和其他地域一样悠久而发达的历史文化。

在古蜀人的传说中，除了"蚕丛纵目"被考古出土实物印证外，三星堆遗址中出土的许多与鱼或鸟有关的文物也透露出种种信息，可让后人借此了解古蜀国的文化特质。

在三星堆遗址中，以鱼、鸟相结合或单独以鸟或鱼为造型特征的器物特别多。如一号坑出土有数十件鱼形玉璋，二号坑出土有金箔鱼形饰件，学者们普遍认为，这应是鱼氏族的图腾标志。其中的一件鱼形

青铜鸟足人身像残件
（二号祭祀坑出土）

玉璋（亦有学者将其归入玉戈类），射端部又镂刻出鸟形，当为鱼氏族和鸟氏族互用的图腾标志。这和文献中记载柏灌、鱼凫、杜宇等王朝都以鱼、鸟结合或鸟为图腾崇拜是一致的。鱼、鸟结合图案与鱼氏、凫（鸟）氏二部族联盟的史实有密切关系。由于鱼凫部族联盟制的解体，"鱼凫王畋于湔山，忽得仙道"，后来以鸟为图腾崇拜的杜宇族取代了鱼凫族而成为古蜀国的统治者。《蜀王本纪》记载："后有一男子曰杜宇……乃自立为蜀王，号曰望帝。治汶山下，邑曰郫，化民往往复出。"一号祭祀坑出土金杖的图案，其下为头戴锯齿形冠的人像，均粗眉大眼，阔口，戴耳饰；在人像上方刻有两组成对的飞鸟，它们驮负着被箭射中的鱼。这与鱼、鸟相结合的玉璋形成鲜明的对比，有学者据此认为，此图案寓意着鱼、鸟结合的部族联盟已经解体，以鸟为图腾的部族取得了王权地位，这个以鸟为图腾的部族就是继鱼凫王而起的杜宇氏。一号祭祀坑埋下的经火焚烧、破坏的铜器、玉器，以及烧过的骨渣，也许就是鱼凫王"忽得仙道"，杜宇"自立为蜀王"这场残酷的部族斗争的遗迹。

在三星堆遗址第二期以后，大量出现以鸟为题材的雕塑品。如青铜鸟形纹饰、立鸟、大鸟头、陶塑杜鹃鸟，及青铜罍、尊上的鸟形饰。此外，还大量出现一种鸟头把勺，勺斗呈半椭圆球形，勺柄犹如鸟引颈前伸，造型十分生动。这种

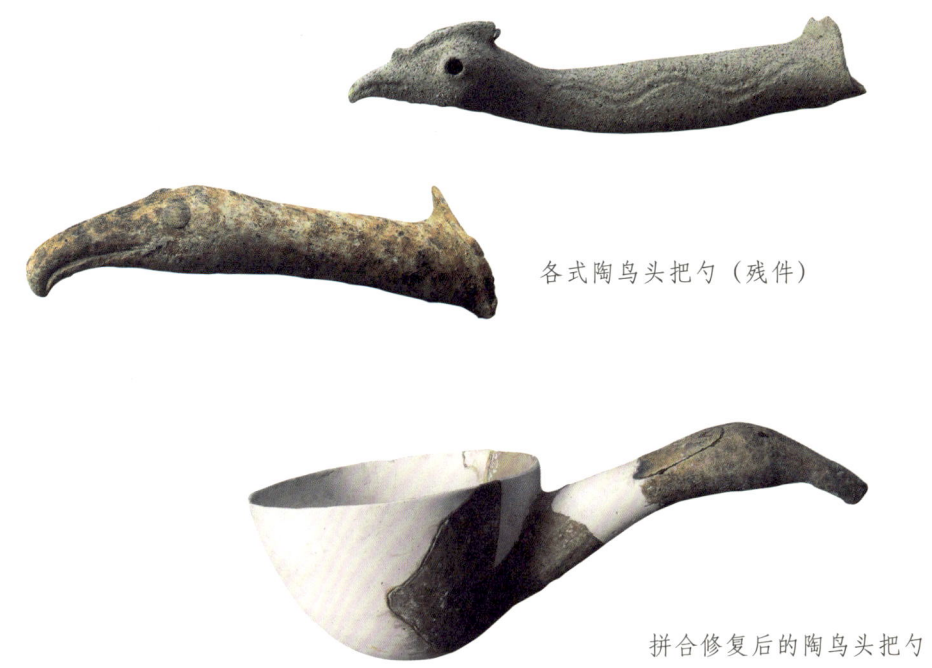

各式陶鸟头把勺（残件）

拼合修复后的陶鸟头把勺

陶鸟头把勺，有的学者认为就是《礼记·明堂位》中记载的古代礼器——蒲勺。蒲勺，郑玄注："蒲，合蒲，如凫头也。"黄侃疏："蒲为合蒲，当刻勺为凫头，其口微开如蒲草，本合而末微开也。"

　　学者认为，鸟头把勺这种祭祀活动中用于舀酒的器物非一般的实用器，而是行使神权的法器。三星堆遗址发现的鸟头把勺，多只残留有鸟头勺柄，其鸟形富于变化。如第二期后段出现的鸟头把勺中的鸟头无冠，长喙无钩嘴；第三期出现的鸟头把勺中，柄上的鸟头顶有冠，短喙有鹰钩嘴。有人据此认为这种鸟头形态的变化应源于重要的文化变迁因素，并推断鹰钩嘴的鱼鸟（凫）形象应为古史传说中第三代蜀王鱼凫的象征，从而推定第三期遗存为鱼凫氏治蜀时期的遗迹，第二期无冠、无钩嘴的鸟头形象应是"柏灌鸟"，因此推测该期文化遗存应属柏灌氏王蜀时期的文化遗迹。虽然这些推测未必准确，但在三星堆遗址出土的陶器、玉器、金器、青铜器中鸟的造型十分丰富，确是一种特殊的文化现象，值得深入探究。

鱼凫族民

考古发掘者根据出土实物结合传说分析，认为三星堆遗址当为鱼凫王蜀时期的遗存，三星堆遗址居民的族属为鱼凫族。

根据遗址的层位关系和遗物类型，三星堆遗址出土陶器分为四期。第一期以泥质灰陶为主，有部分夹砂褐陶。器型以平底器为主，主要有镂空圈足豆、翻口高颈广肩陶罐、陶盆及侈口深腹缸等。第二期变化极大，以夹砂褐陶为主，新出器型有大口罐、圈足盘、陶盉等，并出土有少量鸟头形把勺。第三期遗物继承了第二期的风格，仍以夹砂褐陶为主，鸟头形把勺盛行，并新出有尊形、觚形、瓿形陶器。第四期承二、三期的风格，但陶器器型有所变化，尖底器和竹节状把豆明显增多了。

考古材料显示，春秋中期时，古蜀文物内涵有了显著变化。如陶器的典型器型变为以球形圜底罐及绳纹圜底杯、喇叭形小圈足盉和仿青铜式的釜、甑。这与过去以小平底（尖底）罐（钵）、细长柱状柄的豆、瘦长袋足盉、鸟头把勺、尖底小盏、角形杯等为代表的文化有较大的差异。这些变化正是发生于文献所推测的开明部族取代杜宇部族统治的时期，反映了两个部族新旧更替治理蜀地的事实。

过去学者多推测杜宇治蜀的时代可能在西周至春秋中期，但缺乏相关证据。西周前期，在时间上与三星堆遗址第四期文化所代表的时限大体一致。比较三星堆第四期与第三期出土文物，发现在器型上有所变化，小平底罐演变为小平底钵，尖底器也增多了。这与新繁水观音遗址、成都羊子山土台基址出土文物在同期（商末周初）器型亦有较大变化是一致的，显示出商末周初之际，蜀文化发生了变革。而三星堆遗址的城墙最晚维持在西周前期，随后便废弃。出土物中，前期常见的鸟头把勺日渐消失，小平底器已逐渐被尖底器所取代。鸟头把勺为鱼凫氏时期的文化遗物，有的学者据此推断，上述所谓的"废弃"与"消失"，正说明了鱼凫时代的结束，杜宇主蜀时代的兴起。

以上述考古发现与文献记载对照，大致可作如下结论。虽然历史上的古蜀

小平底罐（夹砂灰陶）
肩部饰有3个海贝纹饰

陶盉（夹砂灰陶）　　　　　　　　　　陶钵（夹砂灰陶）

为不同部族所统治，但三星堆文化遗存显示，他们在文化上有着密切的承袭关系。其间的变化，既是文化过渡和发展的事实，也是不同部族统治先后更迭的实证。而自三星堆文化第二期开始，以至延续到第三期、第四期及至商末周初前后，均出土了大量与鱼、鸟（凫）有密切关系的器物，说明三星堆遗物的文化堆积，主要应为鱼凫时期的遗存。

　　事实上，关于三星堆居民的族属，学术界曾有四说。一说为濮人（亦称"濮族"，先秦时期生活在长江上游地区的古族群），一说为古彝族，一说属

青铜鸟头（二号祭祀坑出土）

氐羌系（氐、羌为同源异流的古民族，生活于今西北甘肃、青海高原地带）或濮越系（新石器时代活跃于今云贵高原的原始氏族部落），而意见比较集中的看法则是"三星堆居民属鱼凫氏"。

关于"鱼凫说"，其主要依据来自三星堆遗址器物坑出土的文物，一些器物透露出的信息，揭示出它与湮没无闻的鱼凫氏有某种联系。

一号坑出土的黄金杖上刻有三组图案，一组是两个前后对称的戴有耳饰的人头像，另两组图案相同，为一对鸟驮负着被箭射中的鱼飞翔而来。那一对鸟，头顶相对；一对鱼，背部相对。

二号坑出土的青铜鸟头，钩喙大目。

二号坑出土的青铜神树上有数只立鸟，鸟皆有钩喙，有冠毛尾羽。

三星堆文化二期、三期地层中，曾多次出土带有鸟头把的陶勺，鸟头的形象有弯喙。

由金杖上的鱼鸟相联图案，可以联想到那可能指代"鱼凫氏"的名号，诸多三星堆出土的鸟形器物也可以引起这样的联想。再结合《华阳国志》所记蚕丛、柏灌、鱼凫、杜宇、开明的蜀王序列，并根据开明王朝始于公元前7世纪春秋时期来推测，则相当于殷墟文化时期的三星堆器物坑主人很可能就是鱼凫氏了。

柏灌故都

与"鱼凫说"相对，孙华先生则提出了"三星堆古城为柏灌故都说"。

对于三星堆一号坑出土金杖上的图案，有研究者指出，该图案具有标志拥有者族氏名号的作用，那飞鸟和被射杀的鱼，让人将它与四川古史传说中的鱼凫氏或鱼凫王朝联系起来。照此解释，三星堆古城晚期，即出土这根金杖的三星堆第四期文化堆积层的对应年代，应当为传说中曾经统治蜀地的鱼凫氏时期。这是有很大可能性的一种推测。

不过根据三星堆文化和四川盆地青铜文化的总体研究发现，在三星堆文

化第四期时，三星堆古城似乎已经发生了重大变故，之后，四川盆地青铜文化好像存在着分布重心向北转移或向北扩展的趋势，并在商代末期与以关中地区为中心的周人发生了联系和接触。在一段时期内双方保持着良好的睦邻关系，所以在关中地区边缘、秦岭古道北端的今陕西宝鸡地区留下了所谓"弜国墓地"这样的遗存。

弜国，史籍失载，从墓地出土遗物及相关史料分析，其为西周畿内方国。弜国墓地出土铜器铭文表明，该氏族是以"弜"为族名。此字历代典籍及甲骨文中均未见，专家认为当为会意字，从"鱼"得声，意为以弓射鱼。该氏族墓地中几座规模较大的"弜伯墓"都出土了象征统治权力的短杖——旌。旌首均作鸭头形，中空，鸭嘴微启，有的还在鸭首额顶饰以怒目圆睁的虎头或兽面纹饰。铜旌上雕饰的鸭首，实即捕鱼水鸟"鱼凫"的形象。早期古蜀人以弓射<u>鱼</u>、以鸟捕<u>鱼</u>，以渔猎为生。有学者将该氏族与蜀史传说中的鱼凫氏联系起来，推测这批西周时期的墓葬极有可能就是蜀鱼凫氏的遗存。

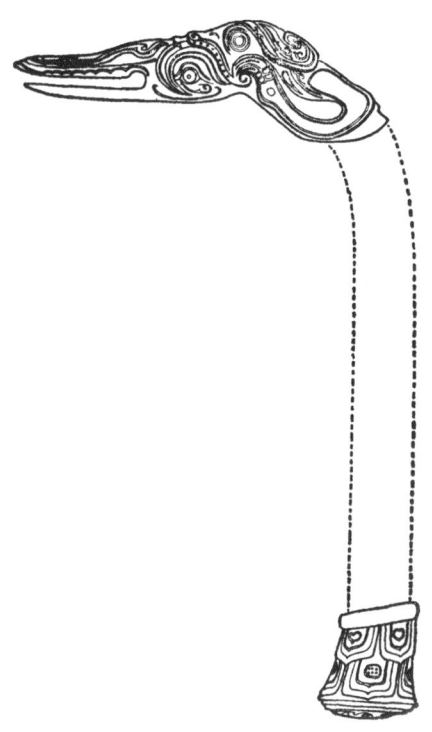

弜伯墓出土青铜旌图示

古蜀国在商代末期始见于文献记载，周原甲骨文卜辞中已有"伐蜀""克蜀"之语。《尚书·牧誓》中所列举的周人伐商时西方同盟军中也有"蜀"的名字，有

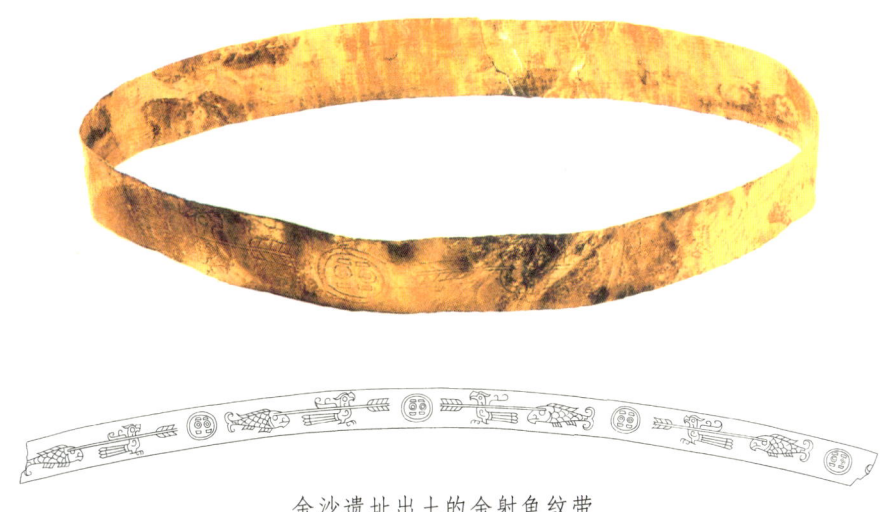

金沙遗址出土的金射鱼纹带

学者认为这个"蜀"就是四川盆地之古蜀国。如果商代后期至西周前期活动在今陕南一带的古族强氏即鱼凫氏的话，那么年代范围主要在夏代后期至商代前期的三星堆文化，其中心古族就不应是鱼凫氏。因为按照《蜀王本纪》中"蜀王之先名蚕丛，后代曰柏灌，后者名曰鱼凫，此三代各数百岁"的说法，鱼凫氏统治蜀地的年代不可能如此长久。那么，在鱼凫氏之前的柏灌氏，就应当考虑在三星堆文化的族属范围内，即三星堆文化的主体遗存很可能为柏灌氏统治时期的产物，三星堆文化直到末期才进入鱼凫氏统治时期。

金沙遗址出土金带的纹饰与三星堆一号坑出土金杖上的纹饰颇为相似，都有以鸟、鱼、箭为主要构图元素组成的图案。不同之处在于，金带纹饰的构图元素在鸟、鱼、箭之外，有别于三星堆金杖的人头图案，而是类似人面或兽面的圆圈图案。但这两种不同的图案却数目相同，且都表现出双目。可以推断，金沙遗址金带纹饰的圆圈图案同样表现的是人像，只是二者的表现艺术形式不同，一个抽象，一个形象。此外，因用途、形状、幅画的差异，两者图案的排列形式亦不同。但总体来看，大体相似的纹饰，无疑反映了它们具有相同寓意或象征，很可能是当时活动在成都平原上的同一古族或古国的遗存。这个古族或古国，我们虽然不能确切知晓他们的具体情况，但根据金带和金杖上的纹饰图案，并结合四川古史、传说中的材料，还是能够作出一些推测的。

弦伯墓青铜方簋铭文拓片

无论金带或金杖上的纹饰，其鸟、鱼、箭的图案中可以明确的是，鸟是受到尊崇，需要表现的主体，鱼是被射杀的对象。这种图案含义与具有浓郁四川盆地青铜文化特色的弦国墓地出土文物的情况极为相似，体现出他们具有相同的文化特征。弦国墓地的高级贵族墓"弦伯墓"均出土有带铜凫首的旄；出土铜器铭文的族名文字"弦"，从"弓"从"鱼"，表明其族人长于以弓射鱼。

金沙村这条金带与三星堆金杖纹饰内容的同一性，向我们透露出这样一个信息，即三星堆遗址与金沙遗址的统治者在族属上具有同一性或连续性。据研究，三星堆遗址的年代从龙山时代一直延续到商代后期（约前2800—前1200），出土金杖等大量器物的一号、二号祭祀坑的年代正好在三星堆遗址的衰落阶段，即公元前1200年前后。金沙遗址的年代范围，从目前考古材料来看，它从商代后期一直延续到了春秋晚期，其主体遗存主要集中在西周时期。金沙遗址的开始年代正好与三星堆遗址的衰落年代相当，这些现象连同金沙村金带纹饰与三星堆金杖纹饰在内容和象征意义上的一致性，说明了金沙遗址与三星堆遗址或为一脉相承，金沙遗址有可能是古蜀人在三星堆古城衰落和废弃后才修建的大型聚落（当然也可能是都城）的一部分。

蜀柏灌氏之"柏灌"，中心词当为后一个字，"灌"从"隹"（其古字形似鸟，为鸟的总称），其指代的应是鸟。以之名族，体现出蜀柏灌氏对鸟的钟爱和尊尚。在三星堆文化中，鸟的形象层出不穷，可以说是出现最多的一种动物。故有理由推测，三星堆文化主体有可能为鱼凫氏之前柏灌氏的遗存。

三星堆遗址二号祭祀坑出土的青铜人形牌饰，器物似人之背部，下有双腿，器身有两组相同的纹饰，似为倒置的变形鹳鸟纹

鸟形铜铃

陶鹰首残件

有学者认为，三星堆青铜纵目人面像耳长数十厘米，表现的应是鸟的翅膀，其钩状的鼻子、有意加宽的大嘴、弧状向上的嘴角则似鹰隼一类大鸟的尖嘴宽喙，整个形象正合《说文》"瞿，鹰隼之视也"的释义。故而纵目人面像很可能表现的是"瞿"——一种具有神性的大鸟形象。灌、萑，音同字通，柏灌疑即"伯萑"。柏灌的"灌（萑）"，有可能就是"瞿"字的变体或为"瞿"字之误。

如果这种推测成立的话，三星堆古城就是柏灌氏统治蜀国时期的都城，所以这座都城就以柏灌氏的名称称为"瞿上"。到了鱼凫氏取代柏灌氏之后，可能还短暂地使用过这座城邑，但后来却因某种原因将其废弃并转移到了其他地方。这也许就是南宋蔡梦弼《成都记》所说的"柏灌氏都于瞿上，至鱼凫而后徙"的真实含义。

三星堆遗址位于四川广汉市北的鸭子河畔。广汉古称雒城，今雒城遗址为汉代遗存，因而在今广汉东汉城墙废墟出土了一大批"雒城""雒宫城墼"汉代篆书体铭文砖。"雒"字按照东汉许慎《说文解字》的解释，是一种鸟的名称。这种鸟又叫"钩雒"，也有人认为是一种怪鸮。更有意思的是三星堆遗址旁边的那条至今仍名"鸭子"的大河，据文献记载，鸭子河古名雁江，而"雁"本来就属于凫类。由此看来，三星堆祭祀坑出土器物中这些鸟的形象，应当与居住在这里的古族族名有着密切的关系，雒城、雁江（鸭子河）的地名很可能就是从那时流传下来的。

古国寻踪

——三星堆古城及其社会生活

古蜀王都

三星堆遗址是成都平原上迄今发现的规模最大、内涵最丰富的先秦时期古遗址。种种迹象表明，这个遗址绝不是一座普通的村落和邑聚，而是古蜀王国的都城。

在三星堆当地，老百姓早就有"王城"的传闻。传说月亮湾东的横梁子、月亮湾的龙背梁子、月亮湾西的青龙包横梁子，以及顺鸭子河的狭背状台地，整个地形恰似一个"王"字横亘在田野上。不过经考古探查，地形"王"字说与实际不合，有较多臆测成分。

20世纪80年代，考古工作者在对三星堆遗址进行考古发掘的同时，也对遗址范围内东、西、南三面至今仍耸立地表的宽阔高大的土埂发生了兴趣。这会不会就是三星堆古城残留的城墙？后来的考古调查和探掘，证实了这一猜想。

三星堆古城的南城墙是最早被确认的。1984年底至翌年10月，考古工作者对三星堆遗址南面的高土埂进行试掘，确认其为城墙遗迹，由此首次提出三星堆遗址是古蜀国都城的看法。1990年，在对东城墙进行发掘时发现了土坯，对三星堆古城墙的结构、夯筑方法和年代有了初步了解。次年，又发掘确认了西城墙。北面尚未发现城墙遗迹，一种看法认为，三星堆古城本来就没有北城墙，因北面为鸭子河，估计当时是以河流为天然屏障的；另一种看法源自当地年长者的说法，北面原先也有城墙，后因鸭子河洪患及河流改道被冲垮了。由此可知，三星堆古城是以城堰和河流相互结合的防御体系，是古代城址遗迹中比较特殊的一种格局。

几次发掘探明，三星堆古城墙的横断面为梯形，墙基宽40余米，顶部宽20余米，墙体由主城墙、内城墙和外城墙三部分组成。在主城墙局部，使用了土坯砖，这是迄今为止我国发现的年代最早的土坯垒筑城墙的实证。

从发掘结果得知，三星堆城址主要分布在真武、三星两村，呈南宽北窄的梯形布局。东城墙和西城墙横跨鸭子河和马牧河之间，东城墙长1800多米，西城墙被鸭子河水冲刷毁坏，残存800余米。南城墙筑在马牧河"几"字形弯道上，残长约210米，城墙外还有深2.8米的壕沟。由此推算，三星堆古城总面积可达3.5平方公里。

这是一处规模巨大的古都城遗址。与三星堆古城约略同时的其他古城址，如位于黄河流域的商代早期都城偃师商城总面积约2平方公里，商代中期都城郑州商城的总面积也只有约2.5平方公里，而作为商代方国都城的湖北黄陂盘龙城总面积仅7.5万平方米，山西夏县的东下冯商代方国城址残存南垣约长400米，总面积也甚小。由此可知，作为殷商时期古蜀王国都邑的三星堆古城，其规模大大超过了商代的方国都城，而且大于早商都城与中商都城。

根据《尚书》《周礼》《左传》等古代典籍记载，殷商王朝在内外服制度和匠人营国之制方面有一整套严格而又明确的规定，方国都邑必须小于王都，不能僭越。如果蜀国是殷商的一个方国，其都邑规模显然已严重逾制，这是不可思议的。段渝先生在《四川通史》中指出："于此可见，蜀国没有成为商王朝的外服方国，这与卜辞中绝不称蜀为方是恰相吻合的。"三星堆时期的古蜀王国应该是个独立的王国，与商王朝都制分属两个不同的政权体系，二者之间不存在权力大小的区别。

在三星堆古城的范围内发现了大量的遗迹和遗物。三星堆遗址的分布范围"东起回龙村，西至大堰村，南迄米花村，北抵鸭子河，总面积约达12万平方

三星堆古城遗址西城墙发掘现场

三星堆古城遗址南城墙发掘现场

三星堆古城遗址东城墙发掘现场

公里。分布最集中、堆积最丰富的地点，有仁胜、真武、三星、回龙四村"。在这一范围内，揭露了相当于夏、商、周时期的房屋基址40余座，灰坑100多个，及陶窑和一些小型墓葬。通过系统调查，鸭子河南岸马牧河两侧的高台地上已发现60多处文化层露头处，至少可以确定30个文化点。各点的文化内涵基本相似又有所区别，均属于同一文化体系，它们共同构成了一个"与社会分工、社会关系分化相适应的中心遗址"。

三星堆、月亮湾、真武宫、西泉坎等四处文化堆积最为丰富和集中的点都处在古城的中轴线上，这应是其宫殿区所在。城墙夯土内发现的陶片，均属三星堆文化一期（相当于新石器时代龙山文化时期）。东城墙及南城墙内侧，发现城墙夯土压在三星堆一期的文化层上，同时又被三星堆二期（相当于夏代至商代早期）偏晚的文化层所叠压。从层位关系上看，三星堆城墙的朝代相当于商代早期。由此专家推测，三星堆古城始筑于三星堆文化第二期。经分析，其系土建筑，经夯打捶拍而成；下层还采用了斜面夯筑手法。这完全说明了古蜀先民已熟练地掌握了筑城的夯土技术，所以能在成都平原营造出如此宏大的城池，并与郑州商城的规模相当。

三星堆古城的城墙范围和城内大量遗迹的确认，反映出三星堆遗址不是一个普通的邑聚，而是三星堆文明的中心都城。为了弄清三星堆古城周围同时期古文化遗址的分布状况，1986年至1988年，考古工作者进行了广泛的专题调查，发现"这座巨大的中心城址也不是一座孤岛，在三星堆遗址以外的广汉、新都、彭县（今彭州）等地还有数十座同时期的中小遗址。由此可见，这是一个由中心城邑、一般邑聚和村落组成的复杂社会。处在该文化中心规模最大的三星堆遗址，很可能就是这个复杂社会的都城"。

在三星堆遗址内发现的建筑遗迹有长方形、方形和圆形等多种形制的房屋，其布局有单间、多间排列和组合式，最大的房屋面积达200平方米。沟槽基础、木骨泥墙、榫卯梁架的木结构房屋是古蜀建筑的特色。在月亮湾还发现了成排分布的长、宽达六七十厘米的长方形柱洞，说明这一时期古蜀人已有了殿堂式建筑。另在城址内还发现陶窑和宽、高达一米以上的大型玉璞、玉料，证明城内有规模可观的制陶、琢玉生产作坊。祭祀坑、具有祭祀意义的"墓葬"区的发现，以及各种宗庙神像、神器、祭礼器和王权标志——金杖的出土，表明古蜀人已有较为发达的宗教礼仪制度、青铜铸造技术和黄金冶炼技术。由此可见，三星堆遗址是一个范围广大、人口众多的大型中心聚落，在距今3000至4000年这段时期，已发展成高于氏族部落的、稳定的、独立的政治实体，即三星堆古蜀王国。

地处内陆的古蜀国在当时是一个独立发展的王国，政治、经济、文化乃至宗教礼仪和社会生活习俗诸方面都有着自己的鲜明特色，但它并不排斥和黄河流域殷商王朝以及周边其他区域文明进行经济交往和文化上的相互影响。从三星堆出土的众多精美文物就可看出，那青铜人头像、青铜面具、高大的青铜立人像和巨大的青铜神树，无不显示出浓郁而神奇的古蜀文化特色，而其中青铜尊、罍以及玉石器中的璧、璋、戈等形制，则反映了商文化对蜀文化的影响和融合。

从发掘清理的房屋遗迹看，三星堆古城既有平民百姓居住的木骨泥墙小房舍，也有王公权贵居住的穿斗抬梁式大厅堂，反映了当时社会各阶层的生活状况。建造三星堆这样一个规模宏大的都邑，不仅需要丰富的自然资源和社会财富，而且需要高度统一的控制和管理，这充分表明古蜀王国这一时期的繁荣发达。三星堆古城所展示的灿烂的青铜文明，还调整了人们有关商代中国的概念，说明殷商在青铜时代并不是唯一的文明中心，商王朝的周边地区也并非都是蛮夷落后之地。这对后人更全面客观地认识中华文明的起源和发展，显然具有十分重要的意义。

三星堆古城墙至第四期文化末而毁弃，整个使用期长达600至1000年，证明这一重要都邑曾经历了一个很长的稳定繁荣时期。而它的废弃，有专家估计，与鱼凫氏王朝、杜宇氏王朝的蜀国政权交替有关。杜宇氏在西周初期将蜀国都城迁到汶山下的郫邑（故址在今四川成都市郫都区，即民间传说中的杜鹃城），又在瞿上（今四川成都市双流区牧马山一带）建立陪都。到了春秋早期，即公元前7世纪初，杜宇王朝的相国鳖灵发动政变，建立开明王朝，定都于广都樊乡（今四川成都市双流区境内）。大约在公元前4世纪前后，九世开明王开始仿效华夏礼乐制度而立宗庙，才把都城迁到今天的成都。《华阳国志·蜀志》记载："开明王自梦郭移，乃徒治成都一带。"也就是说开明氏在取代杜宇氏的统治后不久就从郫邑迁治成都，至秦灭蜀为止，均未迁都。

古国寻踪

　　在三星堆灿烂的青铜文明之前，古代蜀国的政治、经济、文化又是一种什么面貌呢？在富庶的岷江流域和成都平原上，还有没有比三星堆古城更早的古城遗址呢？四川的考古工作者在成都平原上开始了更大范围的调查和寻找。

　　1995年底，文物考古工作者在经过长期不辞辛苦的奔波调查之后，发现了新津宝墩遗址，出土了磨制精美的石斧、石锛和大量器具陶片。从器型文化特征来看，这是一座比三星堆遗址年代更早的古城。紧接着，他们又奇迹般地相继发现了温江鱼凫城、郫县古城、都江堰芒城、崇州双河古城等早期古城遗址。

　　这几座古城，建筑技术相同，文化面貌一致，均属同一考古学文化，但相互间存在时间早晚的差异。据测定，这些古城址的年代相当于中原龙山时代，距今约四五千年。显而易见，成都平原早期古城址的发现，为我们了解夏商时期三星堆文化和古蜀城市文明的渊源关系提供了直接证据，对探索长江上游地区的文明起源具有十分重要的意义。

　　新津宝墩古城遗址　位于四川省成都市新津区宝墩镇，地理位置处于成都平原的西南边缘。这处古老的遗址湮没已久，但仍可以看出地面上有明显的围成长方形的土垣，东面与北面的土垣尤为显著，宽度在10—25米之间，最高处约5米。经考古发掘，确认整个城址呈东北—西南向的长方形，长约1000米，宽约600米，面积在60万平方米以上。通过对北垣的解剖发掘，可知其城墙系采用斜坡堆筑的形式夯筑而成。这座古城营建于何时，以前一直是个谜，废弃于何时，也很难推断，其使用延续的时间也许相当漫长，当地老百姓习惯称其为"龙马古城"，有民间传说这就是诸葛亮七擒孟获的"孟获城"。从城内发掘和城垣中出土的陶片来看，该城址的年代远比传说和想象的要早。出土的陶片以灰白陶为主，器型多绳纹花边口罐、锯齿喇叭口高领罐、盘口圈足尊、敞口圈足尊、宽沿平底尊等，这与三星堆遗址二期以后的文化特征明显不同，而与三星堆遗址最下层以灰白陶为主的文化遗存（三星堆一期）颇为相似。

芒城遗址　位于四川省成都市都江堰区南郊约12公里的青城山镇芒城村。处于成都平原西部边缘，青城山脚下。经调查发掘，知其平面近于方形，分为内外两圈城垣，外圈与内圈相距约20米，以内圈保存较好。内圈南北长约300米，东西宽约240米，现存内圈城垣地面宽5—20米，残高1—1.2米不等。现存外圈城垣，残宽7—15米，残高1—2.5米不等。其中，北垣遗存约180米，南垣遗存约130米，推算整个城址面积大约为10.5万平方米。其内外两圈城垣之间，可以明显看出地势较低，如同城壕，也许为就地取土筑城所致。城垣修筑方式亦是采用斜坡夯筑。考古出土的陶器、石器之器型和文化特征与宝墩遗址一致，属于同一考古学文化，但芒城遗址出土陶器中以泥质灰黄陶为主，夹砂褐陶也有所增加。如果从遗址的位置和面积分析，这座早期古城很可能是古代蜀族走出山地尚未进入平原腹心区域时期修建的都邑。其两圈城垣的格局，更显示了这座古城与众不同而又耐人寻味的特色。

鱼凫城遗址　位于四川省成都市温江区城北约5.5公里的万春镇鱼凫村，处于成都平原的腹心地带，相传古蜀鱼凫王朝的都城就在这里。考古工作者原先在此地也做过考古调查，采集到的多是汉代至唐宋时期的遗物，因此并未引起重视。宝墩遗址发现以后，考古工作者再次来到这里进行深入调查，在南垣断壁上发现了一些碎陶片，上面的纹饰清晰可辨，显示了古城年代的久远。经过钻探发掘，揭示该城址呈不规则的多边形，从地面上可看到留存至今的南、西、北三面较直的城垣，南垣地面保存较完整，长约600米，西垣残长37米，东北垣残长280米。东面城垣已湮没无存，经钻探得知其呈外弧形，长度约为440米。整个城址面积约32万平方米，城垣周长约2110米，现存残垣高约2米，宽约15—20米。在对东南残垣南段进行解剖发掘后，考古人员认定其城垣的修筑与宝墩古城一样，也是采用斜坡堆筑方法夯筑而成。在城址内发掘出土了大量石器和陶器，与宝墩遗址器物群相同，属于同一文化期，差异在于其陶质以夹砂褐陶为主。值得注意的是，鱼凫城遗址上层出现了大量三星堆文化的因素，表明其早于三星堆又与三星堆相衔接的关系。

郫县古城遗址 位于四川省成都市郫都区城北约9公里的古城镇，同鱼凫城一样，郫县古城也处于成都平原的腹心地带。经钻探发掘显示，该城址为西北—东南向的长方形，长637米，宽487米，面积30多万平方米。与其他遗址相比，该遗址城垣保存较好，现存残垣高约3米，底宽15—25米，顶宽7米左右，以斜坡堆筑而成。

宝墩古城北城墙遗址

郫县古城房屋基址

出土的大量陶器与石器总体文化面貌与宝墩遗址一致。在发掘中还发现了木骨泥墙的墙基和面积约550平方米的大型建筑基址。这种具有特殊意义的大型房屋建筑的出现，正标志着古蜀人酋邦的形成，也标志着长江上游古文明中心的出现。

崇州双河古城遗址 位于四川省崇州市北面和都江堰交界的上元乡双河村，城址面积约10万平方米。其城垣也分内外两圈，外圈与内圈之间相距约15米。遗址现存三面城垣，残存的城垣以东垣内圈保存较好，长约450米，最高达4米。考古工作者于1997年对该遗址进行调查发掘，出土了大量陶器与石器。其文化特征与都江堰芒城及郫县古城相一致。值得注意的是，从地理位置上看，芒城遗址位于文井江古河道的上游，双河古城遗址位于文井江中游的味江河与泊江河会合处。文井江又称西河，发源于成都平原西部边缘山区，是岷江中游的一条重要支流，而宝墩遗址便位于岷江下游入口处附近。

自1995年以来，相继调查和证实的新津宝墩古城、温江鱼凫城、郫县古城、都江堰芒城、崇州双河古城等遗址，都是早于三星堆遗址的早期古城址。这些古城址属于同一考古学文化，但在年代关系上有着早晚之分。也就是说，这些古城遗址的兴衰与古代蜀人在成都平原上的迁徙有关。古代蜀人进入成都平原后，最先修筑的是宝墩古城和芒城，后来由于社会方面的原因（比如政权变更）和自然方面的原因（比如洪涝灾害），他们放弃了以前的城邑，从成都平原边缘地带移居到成都平原的腹心地域，并相继修筑了温江鱼凫城和郫县古城。随着时间的推移，再往后便是三星堆古城的崛起和兴盛。

繁荣的社会

考古发现证明，三星堆古蜀王国已经有了在神权和王权统治下秩序井然的社会分工，并形成了不同阶层和明显的阶级分化。古蜀王国是由蜀王和巫师集团、王公贵族与广大平民组成的社会。执掌最高权力的蜀王和主持日常各类祭祀活动的巫师集团，以及王公贵族们，是古蜀王国的统治阶层。而广大平民阶层则分布在古蜀王国的各个领域，从事着农业、畜牧养殖、渔猎、商贸、陶器制作、青铜器冶铸、玉石器和金器加工、蚕桑纺织、城墙与房舍的修筑，以及为统治者提供仆役等各类生产劳动。

由于古蜀王国群巫集团的特殊地位和作用，以及各种盛大祭祀活动的频繁举行，所以整个王国的玉石器加工、青铜器铸造、金器制作都是围绕着祭祀活动而进行的。可以说，古蜀王国集中了众多的手工作坊和大量的能工巧匠，其制作和生产的目的都是为了张扬和强化神权。甚至连远程贸易而获得的象牙和海贝，也都成了奉献给神权的祭品。世界上许多古老的文明，如古埃及文明、古希腊文明、古印度文明、两河流域美索不达米亚古代文明，在起源和发展历程上都与原

玉瑗

玉环

始宗教和神权有着千丝万缕的关系，展示了人类文明发展史上的某些共性。

　　三星堆考古发现的手工作坊，以加工玉石器为主，它们遍布三星堆古城内外，显示了这一行业的兴旺和繁荣。古蜀王国的玉石器加工十分发达，这与经常举行祭祀活动而需要大量玉石制作的礼器和祭品密切相关。遗留下来的玉石器数量极其可观，而且种类繁多。三星堆遗址考古发掘的序幕，正是由偶然发现玉石器拉开的。近一个世纪以来，在三星堆古蜀遗址共出土玉石礼器1000多件，其他石器数千件。加工这些种类繁多、数量庞大、制作精美的玉石器，需要多工种相互配合。由于玉石质地坚硬，碾琢、磨制、雕刻均非易事，更需要相当数量的工匠在作坊里长时间劳作。玉石的开采和运输，也需要大量的人员。可见玉石器的采集加工已然成为古蜀王国一个专门行业，并配有听命于蜀王的管理者，以及负责玉石形制和图案装饰的设计者。

　　三星堆遗址还出土了数量庞大的陶片，考古人员在城区内外发现了一些制陶窑址，反映了陶器与古代蜀人日常生活的密切关系。古蜀国另一个非常重要的行业是青铜器铸造，从三星堆出土的大量青铜器物来看，应有大型的冶炼和铸造场所。在这个行业也应有明确的分工和密切的合作，从采矿、运输、冶炼、制范，到采用多种工艺铸造成千姿百态的青铜造像群和丰富多样的青铜器物，大量人员共同参与，其中不乏经验丰富、技艺高超的能工巧匠。

三星堆遗址二号祭祀坑出土青铜三牛尊局部纹饰
器物头部有三圈凸弦纹，肩部铸有三个牛头，牛头之间为云雷纹组成的夔龙图案，腹部饰有变形兽面纹和刀状云雷纹

与之相适应的还有其他一些发达的制作行业，比如金器的制作加工、丝麻的纺织、服装的制作、日常生活用具和交换商品的制作、酒类的酿造等。这些行业的发达可以从大量的出土资料中得到印证。这就清楚地表明，古蜀国时期手工业已从农业中分离出来，成为独立于农业之外的体系，形成了一大批专门从事各种手工制作的平民阶层，与从事农业生产和畜牧渔猎的劳动者在生产方式和生活情形等方面都有了许多不同。正是这种分化，促使了早期城邑的出现，加快了古蜀国进入文明时代的步伐。

三星堆时期古代蜀人的服饰也是丰富多彩，充分显示了纺织和衣服制作行业的昌盛。从三星堆青铜造像群看，古代蜀人不仅有形式多样的冠帽和服装，还有头饰、耳饰、手镯、足镯、项链之类的各种装饰品。这些采用丝、帛、麻布等材料制作的各类服装，反映了在三星堆古城内应有不少专门的纺织缝纫手工作坊。与之相应的是蚕桑业的昌盛。1965年，在成都百花潭中学扩建时发现战国时期（古蜀国开明氏王朝时期）土坑墓葬，并于十号墓出土了一件铜壶，上面嵌铸的多幅图案中有人物众多的采桑图，显然是当时大规模种植桑田、饲养家蚕这一情况的写照。在成都平原许多古遗址都出土有纺轮，三星堆也出土有石制与陶制的各种纺轮。纺织技术的进步，必然促进丝绸服

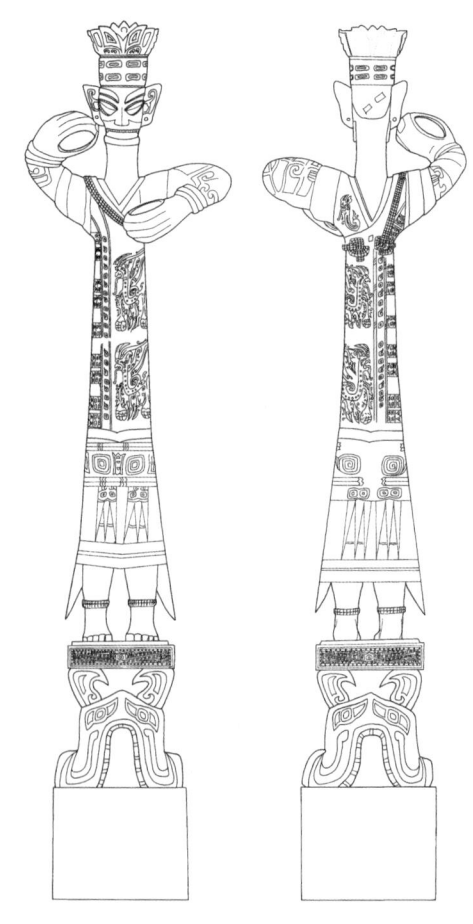

青铜大立人像头戴回纹高冠，身着交领长袍，前裾过膝，后裾及地，长袍纹饰繁缛

饰的发展。

建筑业在三星堆时期也相当发达，显示出很高的水平。三星堆遗址在历年的发掘中曾发现有大量的房屋建筑遗迹，揭示了在城区内外分布着密集的居民区。有的房屋基址十分宽大，而且五六间连在一起，已超出一般居室的功能。古城城墙的修筑，更是气势宏伟、工程浩大，充分反映了古蜀王国城市文明的发展。

发达的手工业

三星堆青铜造像群和青铜器物显示，这个时期古蜀王国的铸铜手工业已经高度发达，青铜熔炼水平也已达到高级阶段。无论从冶金水平或是从制作技术上看，与同一时期的殷商文明相比毫不逊色，并显示出自身的鲜明特点。

青铜是指红铜和锡的合金，或是红铜和锡、铅的合金。三星堆青铜造像群和青铜器物的金属成分含量与合金水平分析表明，当时古蜀王国的能工巧匠们已经熟练地掌握了青铜冶金术。由此推测，在三星堆时期之前，古代蜀人对铜的冶铸和使用已有了一个较长时期的发展过程。

根据对三星堆出土青铜器成分的取样测试分析，出土铜器按合金成分大致可分为红铜、锡青铜、铅青铜、锡铅青铜四类。其中二、三类为二元合金，四类为三元合金。青铜容器几乎都是铜、锡、铅三元合金，青铜头像、青铜面具则以铜、锡二元合金为多。各类型中的铜、锡、铅含量变动范围较大，说明这些器物经历了较长时间的铸造过程，可能与每一次冶炼时投放的原材料比例并不一致有关。同时，与矿石来源于几个不同的产地也有一定关系。这表明当时蜀人也与中原地区一样，能分别使用铜、锡、铅三种金属冶炼出多种合金来。

据三星堆一号坑发掘简报，"铜头像、铜瑗等部分铜器出土时，器物内还存有泥芯。在烧骨渣中亦发现泥芯和铜渣。在坑内填土中发现的经火烧过的'红砂石'碎块，即是浇铸铜器时用的泥芯"。这些现象说明，出土的青铜造像和器物是使用陶范制作的。通过对这些泥芯的分析和对青铜器物的观察，可知当时对陶范有一套严格而成功的制作方法，其采用陶范合模铸造铜器的

铜虎（三星堆遗址鸭子河南岸出土）
巨头长尾，张口露齿，双耳竖立；全身饰虎斑纹，并镶嵌绿松石碎片；姿态呈行进状，造型生动

过程，大致可分为制作陶范（内范和外范）——烧制定型——合范——熔化铜液——浇铸——修整加工等工序。制范时，工匠们要在外范上雕刻精美的花纹图案，不仅工作量大，而且需要相当高的艺术造诣和技术水平。

在铸造工艺上，根据三星堆青铜造像群和青铜器物铸造时留下的铸痕分析，可分成两类。一类是"浑铸法"，即多范合铸，一次成型。如铜人头像、小型铜面具、小型铜人等。二类是"分铸法"，是在浑铸法的基础上发展起来的，分步浇铸成型。如青铜大立人像，其铜人和像座是采用自下而上三次浇铸才成型的，粗大的双手是后来才浇铸上的。铜罍、铜尊、大型铜面具也是采用此法铸造的。学术界通常认为，分铸法是殷商时期中原地区广泛使用的一种先进的铸造技术，三星堆出土铜器显示，古代蜀人对这项技术的掌握同样达到了炉火纯青的程度。

青铜大立人像背面纹饰细部

三星堆平顶金面铜人头像（侧面）

古蜀族也是世界上最早开采和使用黄金的古老部族之一，出土的金杖、黄金面罩、多种黄金动物图形的装饰等黄金制品，可谓精美绝伦，不仅反映了古蜀人高超的黄金加工制作技艺，而且有着丰富的文化内涵。

黄金面罩是最能反映古蜀人黄金制作技术的杰作。二号坑出土有两尊戴金面罩的青铜人头像，一尊为平头顶，发辫垂于脑后；另一尊为圆头顶，金面罩略有残缺。金面罩与整个面部包括双耳及下巴紧密黏合，特征都是眉眼镂空，鼻部突起，双耳穿孔，各处线条造型凹凸分明。发掘整理者在修复过程中，经取样测试证实，古代蜀人采用土漆之类的树脂作为金面罩与青铜人头像之间的黏合剂，具有很好的粘合效果，这是古代蜀人的又一高明之处。

从世界文明发展史看，19世纪70年代，德国考古学家海因里希·施里曼在古希腊迈锡尼墓葬中发掘出土了大量黄金制品，其中就有引人注目的金面具。它们用金箔敲打而成，模拟死者的特征罩在氏族部落首领或国王脸上，其年代大约为公元前1500年。研究者指出，已发现的几件著名的金面具，都是从迈锡尼的井墓中出土的。这些面具实际上就是当时氏族部落首领的遗像。每个面具的脸形都很有特点。有的浓眉横生，有的则淡眉微矕，有的嘴唇紧闭，有的唇厚似浮肿。迈锡尼的这种给死者戴面具的风俗，古埃及早已有之，它的目的是想为死

古希腊迈锡尼墓葬出土的金面罩

古埃及新王国时期图坦卡蒙陵墓出土的
图坦卡蒙黄金面具

者保留一个不朽的面容，以便死者的灵魂游荡在外时也能找到自己的归宿。这些金面具的眼、嘴、鼻等处都不留孔，为一块近似圆形的整片金箔制成，有的还细致地刻画出了胡须和眉毛。古埃及新王国时期图坦卡蒙陵墓于1922年11月发掘出土了3500多件文物，其中有黄金制品1700余件，最为豪华的便是黄金颜面肖像人形棺和图坦卡蒙的黄金面具。学术界认为黄金面具的脸部为法老生前容貌的忠实再现，神态逼真。面具上还镶嵌有宝石、玻璃之类，工艺精湛，洋溢着华贵的气息。

　　将三星堆出土的黄金面罩与古埃及、古希腊的黄金面具相比，在形态造型、装饰手法、用途含义等方面都有许多不同。古埃及、古希腊的金面具主要用于丧葬之中，罩在木乃伊或死者的面部。三星堆装饰有黄金面罩的青铜人头像则是用于大型祭祀活动，或作为平常供奉于神庙（或宗庙）之中的巫师（或部落首领）象征。在古代蜀人的观念中，辉煌珍贵的黄金制品似乎与丧葬死亡没有什么关联，而与社会生活中占据主导地位的重大祭祀活动关系密切。这反映了不同区域文明之间生存心态、宗教信仰、审美观念、社会风俗、民族

传统、文化内涵等方面的不同特点。"迈锡尼黄金
面罩覆盖尸体，使死者容颜亘古不凋"；"古代埃
及人曾把对祖先的崇拜和永生不死的思想再现于王
侯贵族的雕塑和诸神的肖像中"；而三星堆金面罩
则使青铜人头雕像的面容焕发出神秘华丽的光芒，
其意义也许在于显示一代神明者、权贵者容貌的高
贵，或者是起原始宗教的奇特作用。这些金面罩制
法大体相似，"它们都是用整块金叶子在模具上打
制而成。这是造型艺术与金工工艺水平达到较高程
度的产物，是古代灿烂文明的结晶"。

　　中原殷商王朝也是很早就掌握了黄金的淘洗加
工技术，从商代遗址和墓葬考古发现看，河北藁城
出土有金箔、河南辉县出土有金叶片、殷墟出土有
金块和金箔，说明商王朝黄金的冶炼锤拓、碾制加
工已具有较高的水平。但商代遗址出土的黄金数量
很少，而且没有类似三星堆那样的金杖、金面罩、
金虎、金璋、金叶之类工艺精湛、内涵丰富的黄金
制品。这说明，作为同时期的文明中心，三星堆古
蜀王国不仅在开采使用黄金的数量上超过中原殷商
王朝，而且在制作工艺上更是居于领先的地位，在
黄金制品的用途和内涵方面更显示了鲜明的特色和
无穷的魅力。正如田长浒先生在《中国金属技术
史》一书中所评价的："先秦时代很为突出的一项
稀世金质珍品是近来在四川广汉出土的黄金面罩，
这是远在三千年前制造的黄金假面具，不但具有很
高的艺术价值、历史价值，而且也具有很高的技术
价值。"

三星堆遗址二号祭祀坑出
土金箔叶（鱼）形饰

三星堆遗址二号祭祀坑出土金箔璋形饰

三星堆遗址一号祭祀坑出土金杖（局部）

在长达近一个世纪的三星堆考古发掘中，出土了大量的玉石器，不仅种类繁多，而且制作工艺也相当高超，反映了古蜀王国玉石制作行业的发达。

从制作工艺看，古代蜀人在制作这些玉石器的过程中，不论是对玉石料的选择、切割，或是琢制加工、钻孔、雕刻、研磨抛光等技术的使用，都有着丰富的经验，显示出很高的水平。其切割的方法，从遗址内发现的玉石器成品或半成品遗留的痕迹推断，很可能是使用一种比较锋利带锯齿形的金属工具来进行的。按照所要制作器物的厚薄来切割下料，然后再将毛坯加工磨制成形。圆形的玉石器显示，当时很可能采用了"转轮"之类的磨制加工方法。玉管穿孔则显示在钻孔方面古代蜀人有着相当成熟的技术。特别值得一提的是，石器上面的图案纹饰以及透雕飞鸟之类，显示了古蜀人娴熟的雕刻技艺。

仔细观察三星堆玉石器上面的饰纹和图案，可知古代蜀人大量采用了镂刻与线刻工艺，在技术手法上展示出娴熟和灵活的特点。线条大都为阴刻，有的镂刻得很深，有的刻画得较浅，皆给人以清晰流畅之感。线条又分直道、弯道、圆圈、几何形、点状等多种形式。直道线条常笔直横贯器面，而且刻画得非常纤细，宽仅1毫米左右，但各线条之间界限分明，组合均衡，构图亦颇明快。弯道线条与几何形圆圈线条的刻画，也是主次分明、繁简得当，且异常清晰。由此而组成的图案画面糅合了粗犷与细腻的特点，虽然有的图案中几组画面内容相似，却毫无重复之感，展现出鲜明的主题、深远的意蕴和独特的风格。其线刻纹饰花样，有的简洁规整，有的繁复多变，交错有致，显示了多种装饰手法的灵活运用。在琢玉的手法上，三星堆古蜀王国的玉匠们不仅大量采用阴刻的手法，还巧妙地采用了"减地"法。如一号坑出土的戚形玉佩，经过琢治、镂刻、磨制，使这件玉佩平面呈现为层层递进的阶梯形，在工艺与装饰效果上均显示出独特的创意。三星堆各类玉石器平整光洁的程度充分显示了古蜀人在研磨技术上的高超水平，有些玉刀刃部薄而锋利，甚至可以裁纸。其加工完成后的抛光，可能采用了皮革或一些柔软的物质，并使用了转轮或可以旋转的打磨工具，这些在当时都是比较先进的技法。

三星堆遗址一号祭祀坑出土玉戚　　　　　　三星堆遗址一号祭祀坑出土玉戈

　　陶器的制作加工也是三星堆时期一个非常重要的手工行业。陶器和先民们的日常生活密切相关，新石器时代，今重庆、四川一带的陶器生产已很发达，目前发现的100多处史前遗址中均有大量陶片出土。大溪等处的出土遗物显示，其黑陶的形制与黄河中下游的龙山文化有一定的渊源关系，其彩陶纹饰和北方的仰韶文化有着相似之处。这些都说明，早在五六千年前古蜀地区就与中原地区有着相互间的交流和影响。三星堆遗址出土了大量陶器，发掘整理者将其文化遗存分为四期。第一期陶器以夹砂褐陶和泥质灰陶为主，其年代为新石器时代晚期至龙山文化时代，距今约4800—4000年。第二期陶器以夹砂褐陶为主，并有一定数量的泥质灰陶和泥质橙黄陶，年代相当于二里头至二里冈下层。第三期陶器仍以夹砂陶为主，有灰褐和黑灰两种，此外还有少量的泥质灰陶和泥质红褐陶，年代相当于二里冈上层一、二期至殷墟早期。第四期陶器以夹砂灰褐陶为主，泥质灰陶的比例有所增加，另外还有少量的夹砂红褐陶和夹砂黑褐陶，时代相当于殷墟晚期至西周早期。值得注意的是，三星堆出土陶器以夹砂褐陶为主的特点，与宝墩文化后期夹砂褐陶增多有着明显的承接关系，说明了古代蜀人在制作陶器方面有着悠久的历史。而出土陶器的数量和广为分布的情形，又充分显示了古蜀制陶业的蓬勃和兴旺。

　　三星堆遗址中出土的陶器，无论从种类，还是制作工艺等方面，都显示出古蜀先民的创造才能。这表明制陶业在当时已成为独立的手工业门类，而且具备了较高的水平。其器型大都以实用器为主，可分为炊食器、炊煮器、储藏器等，有的陶器可能兼具多种用途。总的来说，三星堆陶器无论是工艺还是装饰，都显示出朴实的风格，与绚丽多彩的青铜铸造和丰富多样的玉石器制作在风格特点上有着明显的不同。

　　在三星堆遗址出土了大量陶器及数万片陶片，复原的器型主要有罐、瓶、碗、壶、杯、盉、高柄豆、鬶形器、觚、尖底盏、尊形器、瓮、鸟头把勺、纺轮、网坠、器座等数十种，其中以手制为主，轮制较少。从陶质来看，三星堆遗址出土的陶器选择的多是优质易融黏土，并在制作时加入了一定比例的羼和料，有效地防止了器物烧制时发生崩裂。

陶高柄豆（泥质褐陶）

陶盉（夹砂红褐陶）

绳纹深腹缸（夹砂灰陶）

陶罍（泥质红陶）

陶猪　　　　　　　　　陶双面鸟头钮　　　　　　　　陶鸟

　　通过对三星堆遗址四期陶器文化面貌的观察，不难看出其鲜明的地方特征，即便在第二期有外来文化因素的浸入，古蜀先民也绝不是生搬硬套，而是兼收并蓄，将其与自身的文化相融合，从而向着复合型文化发展。这也从一个方面显示了古蜀文化强大的生命力。

　　三星堆遗址中出土的陶塑品在我国古代陶塑艺术中也是独放异彩的。近几十年来，在一些史前祭祀遗址中出土了不少陶塑品，如辽宁喀左县东山嘴和牛河梁新石器时代遗址相继发现的陶女神像、河南密县莪沟北沟发现的灰陶人头像、浙江河姆渡遗址出土的陶塑人物和鸟兽等，反映了不同氏族的生活习俗和宗教信仰。在湖北江汉地区也发现了众多的史前动物陶塑，仅1987年就在天门邓家湾遗址两个灰坑内发现动物小陶塑数千件，造型简练，生动传神。商代独立的雕塑作品一直以来发现得不多，有独立陶塑意义的作品就更加少见。这可能是因为这一时期的陶塑主要用于制作铸造青铜器的范模，从而转化成了青铜艺术。但陶塑艺术却没有因此而绝迹，在郑州二里岗商代遗址、河南安阳小屯的窖穴和一些墓葬中，就零星地发现了陶塑品，但其数量已远不能和史前遗址的陶塑相比。正因如此，三星堆遗址所出的陶狗、陶猪、陶猫头鹰、陶鸟等就显得尤为珍贵。三星堆遗址所出动物陶塑小件，虽只有寸余大小，却表现出生动的感性认识，让人体味到稚拙朴实的美。

三星堆遗址出土陶器纹饰拓片

　　三星堆遗址所出陶器的纹饰也较为丰富，有细绳纹、粗绳纹、云雷纹、弦纹、戳印纹、S形纹、圆圈纹、附加堆纹等。此外，还有陶文符号，疑为巴蜀图语或族徽，只因数量太少而无法对其作出文化阐释。

　　髹漆工艺的掌握和使用，也是三星堆时期古蜀王国手工行业中不可忽视的一大特色。我国是世界文明史上用漆最悠久的国度，考古揭示，新石器时代先民们已有对漆液的涂饰使用，商周时期已有随葬的漆器实物和用漆髹饰车马器和弓矢、皮甲、屋楹的记载。古蜀也是中国最早使用髹漆工艺的地区之一，在三星堆遗址的考古发掘中，"曾发现有镂刻雕花的漆木器，以木为胎，外施土漆，木胎上镂孔，器表雕有花纹，表明当时已熟练地掌握了割漆、生漆加工、制胎、上漆工艺技术"。三星堆考古发掘揭示,古代蜀人还使用漆液将金面罩粘贴于青铜人头像上。其步骤与方法是,先将浇铸好的青铜人头像通过打磨去掉毛刺,再用白膏泥加水调和成泥子将铜头像表面因铸造工艺出现的细小凹陷处填平,待泥子晾干后再打磨光滑,然后涂刷漆,将金面罩罩在铜头像面部,进行锤拓,使面罩贴实黏合在铜头像上。这是古蜀人在漆艺方面很有创意的一种使用方法。

《华阳国志·蜀志》提到蜀地有"桑、漆、麻、纻之饶",丰富的漆源无疑为漆的使用提供了有利条件。古蜀人的漆艺在以后的历史岁月中又有了突飞猛进的发展,至秦汉时期巴蜀已成为著名的漆器生产地区。

综上所述,三星堆时期古蜀王国的手工业不仅已有明确的分工,而且其技术水平也已达到了很高的程度,特别是青铜铸造、金器加工和玉石器制作,在造型艺术和图案纹饰方面极富特色,展现出绚丽多彩的情形,构成了古蜀文明灿烂和辉煌的华章,在人类文明史上写下了重要的一页。

宝墩、金沙与十二桥

——三星堆文化的渊源与传承

宝墩文化

三星堆古蜀文明横空出世，震惊天下。人们随之对其文化渊源产生了探究的兴趣。随着新津宝墩古城、温江鱼凫城、郫县古城、都江堰芒城、崇州双河古城等成都平原上早期城址群的发现和宝墩文化的确认，考古人员终于找到了三星堆文化的源头。

宝墩文化遗存早在20世纪60年代发掘广汉月亮湾时即已有所发现。1980年至1981年，四川考古工作者在发掘三星堆遗址时注意到第六、第八层文化内涵与上层区别较大，并将其划归为该遗址分期中的第一期。由于出土遗物少，对这一面貌认识不够清楚，在文化定性时未将其明确划分出来，统归入了"三星堆文化"。后来，有人根据绵阳边堆山发现类似的古文化遗存而将之命名为"边堆山文化"。自1995年底以来，成都平原相继发现多处早期古城遗址，在作了不同程度的发掘后，考古人员对这些遗址的文化内涵有了较为清楚的认识。几个遗址年代不尽相同，但其文化总体面貌较为一致，都有一组贯穿始终而又区别于其他考古学文化的具有独特风格的器物群，当属同一考古学文化遗存。其中的新津宝墩遗址面积最大、文化内涵最为丰富，故最具代表性，依据学界命名的惯例，这一考古学文化即被命名为"宝墩文化"。

三星堆遗址一期的文化内涵与宝墩文化基本相同，考古人员利用典型的层位关系及大量出土陶器已初步建立起这一文化的发展序列和陶器编年。

新津宝墩古城遗址是成都平原早期城址群中最先展开调查的一个，最初考古工作者只是发现有汉代的墓葬，故推测城址的年代应早于汉代，尚未预料到它竟有如此久远的历史。1995年，由成都市文物考古工作队和四川大学考古教研室联合对该遗址进行钻探、试掘，并对东北城墙的东段（真武观）进行了解剖发掘。将其横断面切开后，清楚地显露出地层剖面，由此，城墙的夯筑方法以及遗址的年代关系就十分清楚了。

遗址内发掘出土的陶器，风格与三星堆文化和之后的十二桥文化的陶器明显不同。随着出土遗物的不断增多，其文化内涵逐渐显现，很快便确认了该城址是早于三星堆文化，而与三星堆遗址一期大体同时的一处重要的古遗址。1996年9月至12月，中日联合考古调查队又对该遗址进行了两次发掘，发现有房基、灰坑、墓葬，并出土了大量的陶片、石器。

宝墩文化前后发展时间约800年。考古工作者根据各遗址出土陶器的变化，将宝墩文化分为四期。

第一期以宝墩遗址的早期为代表，泥质陶居多，次为夹砂陶。泥质陶中以灰白陶和灰黄陶为主，少量褐陶；夹砂陶中灰陶占绝大多数，少量褐陶和外褐内灰陶。夹砂陶多装饰绳纹，少量的戳印纹、划纹，附加泥条戳印纹和弦纹；泥质陶中以戳压纹、划纹，附加泥条戳印纹和施黑衣的较多，少量的弦纹、细绳纹和瓦棱纹。主要器型有绳纹花边口罐、敞口圈足尊、盘口圈足尊、喇叭口高领罐和宽沿平底尊等。

第二期以芒城遗址和宝墩遗址的晚期为代表，泥质陶仍多于夹砂陶，但比例有所下降。夹砂陶分灰、褐和外褐内灰三种，泥质陶中以灰黄陶为主。泥质陶素面增多，纹饰主要有划纹，次为戳印纹。夹砂陶中素面陶也开始增多，仍以绳纹为主，少量的附加堆纹、弦纹等。器物圈足上多圆形镂孔装饰，主要器类与一期差不多，新出有深腹平底罐。

第三期以郫县古城遗址的早、中期和温江鱼凫城遗址早期为代表，夹砂陶

宝墩古城遗址出土陶器——敞口圈足尊

宝墩古城遗址出土陶器——绳纹花边口罐

进一步增多，泥质陶有所减少。泥质陶以橙衣灰陶和黑衣陶为主，夹砂陶中以外褐内灰和褐陶为主。泥质陶纹饰以平行线划纹为主，次为平行线交叉划纹，戳印纹和附加泥条戳印纹则很少见到。夹砂陶中仍以绳纹多见，少量的弦纹、戳印纹，圈足上多见圆形镂孔装饰，以及戳印的圆圈、新月纹。主要器型与二期基本相同，新出有窄沿罐、曲沿罐、折腹钵、窄沿盆等。

第四期以鱼凫城遗址的晚期和郫县古城遗址的晚期为代表，与之前相比有了较大的变化，夹砂褐陶成为其主要的陶系，泥质陶中有灰陶、褐陶和黑衣陶，且多素面。夹砂陶中以绳纹为主，少量的戳印纹、划纹、弦纹等。绳纹花边罐、敞口圈足尊、盘口圈足尊、喇叭口高领罐、宽沿平底尊等宝墩文化前期中极为常见的典型器已极少见到，却沿袭了第三期后段的窄沿罐、曲沿罐、窄沿盆、曲腹钵等，并新出有矮领圆肩罐、敛口瓮、敛口罐、折腹钵等，圈足变得更为高直。

再看三星堆遗址的发掘情况。三星堆一期出土陶器以泥质陶为主，根据1963年发掘的月亮湾第三层特征，尤以泥质灰白陶居多，近一半的陶片都带有纹饰，其中绳纹较多，另有划纹、篦纹、镂孔等，代表性器物有宽沿平底尊、喇叭口高领罐，器物的足部特征为镂孔圈足和足缘呈齿状的泥质圈足。这些均与宝墩文化第一期的特征相符。1980年发掘的三星堆遗址第六、第八层也是以泥质灰白陶为主，器物所带纹饰有流畅的水波纹、平行线划纹、戳印纹等。1986年发掘的三区19号灰坑，出土有绳纹花边口罐和镂孔圈足残器，这与宝墩文化第三期中段的特征非常接近。在三星堆遗址中可找到宝墩文化各分期的直接层位依据，因此推测三星堆遗址一期年代跨度较大，很可能包含了宝墩文化第一至第四期。

关于宝墩文化的年代，有几个碳14年代数据。最早的一个出自新津宝墩古城遗址，距今4500年左右；最晚的一个出自郫县古城遗址，距今3700年左右。由此可知，宝墩文化的年代范围大致可定在距今4500—3700年之间。而三星堆文化的年代上限有众多的碳14年代数据，均为距今3700年左右。从年代上看，宝墩文化下限与三星堆文化正好衔接，这也从考古学年代上为宝墩文化是三星堆文化的渊源提供了直接依据。

通过对新津宝墩古城等遗址的发掘，不仅在成都平原上确认了一个新的考古学文化，而且首次比较明确地将成都平原的古文化上溯至约相当中原龙山时期（前2500—前2000），更为重要的是，寻找到了三星堆文化的直接渊源。当我们看到在宝墩文化时期成都平原已出现如此成熟的早期城邑，那么高度发达的三星堆文明的形成也就是顺理成章的事了。

从宝墩文化发展变化的趋势看，三星堆文化是紧随其后而发展形成的。在陶器方面，宝墩文化三期后段之时夹砂陶的数量增多，成了最主要的陶系。纹饰上划纹发达，但极少见水波纹；器型上绳纹花边口罐已很少见，并新出有窄沿罐、曲沿罐、窄沿盆、窄沿钵等。由此可见，宝墩文化的典型因素，如大量的泥质灰白陶和灰黄陶、发达的纹饰，及以绳纹花边口罐、敞口圈足尊、盘口圈足尊、喇叭口高领罐、宽沿平底尊、宽沿盆等为代表的典型器物群，在其后期正日渐减少，而一种以窄沿罐、窄沿盆、窄沿钵为代表的新的文化因素，正在孕育发展中。宝墩文化正经历着一种变化。

宝墩文化第四期之时，其原有的典型因素更是日落西山，夹砂陶的数量则继续增加，褐陶成为主要的陶系，约占出土陶片总数的一半，素面陶也增加了。在器型上，绳纹花边口罐、盘口圈足尊、喇叭口高领罐、宽沿平底尊等已极为少见，而是沿袭了三期后段的窄沿罐、窄沿盆、曲沿罐、窄沿钵等。三星堆文化秉承其后，夹砂陶更是占据绝对的主导地位，夹砂褐陶是其中最主要的陶系。同时，素面陶数量猛增，纹饰陶数量则急剧下降。三星堆文化中代表性的器物，如小平底罐、深腹罐、圈足豆、杯形钮器盖等都与宝墩文化中的矮领圆肩罐、折沿深腹罐、镂孔圈足器有着继承和发展关系，宝墩文化所盛行的小平底和圈足的陶器传统亦为三星堆文化所继承。我们可以从中看到一个宝墩文化典型因素日趋消失，三星堆文化典型因素逐渐孕育、形成和发展的过程。

新津宝墩等古城均是就地势建立在台地之上，城址的方向均与附近的河道平行。这种顺应地势筑城的方式，利于防洪，由此开启了成都平原历代筑城的先河。三星堆古城与鸭子河平行，也应是就地势的缘故。其城墙的构筑方法完全继承了宝墩时期的夯筑技术，为平地起建，多斜坡堆筑，即边堆边拍打（或边夯打），当堆筑到·定高度后再从城墙的内外两侧进行堆筑，并层层加高。这种夯筑技术与长江中游地区大体同时期的早期城邑城墙夯筑的方法是一致的。

宝墩时期的古蜀先民为适应成都平原潮湿的环境，充分利用自然资源，创造出了独特的建筑形式。他们居住的房屋均为地面式木骨或竹骨泥墙建筑，建筑方法是先挖基槽，于基槽内埋置密集小圆木或小圆竹，其间编缀竹条、木条等，内外抹草拌泥，再经火烘烤，以增加硬度，推测屋顶可能覆盖茅草。这种挖墙基槽、埋木骨或竹骨、内外抹草拌泥，再经火烘烤形成墙体的做法，对后世的建筑方式产生了很大影响，也为三星堆时期的房屋建筑所继承。

宝墩时期的墓葬区至今还未发现，因此对这一时期的丧葬习俗还没有一个较为清楚的认识。从现已发掘的一些零星墓葬得知，其墓葬均处于居住区附近，其中小孩墓所占比例较大，成人墓则较少，均为狭长坑穴，长度多在2米左右，宽度一般不超过1米。从上述墓葬均处于居住区附近又多小孩墓的情况看，宝墩文化时期的蜀人有将未成年婴儿、小孩葬于居住区周围的习俗。这在三星堆文化阶段的遗址中亦发现类似的情况。

宝墩时期的蜀人已具有高超的石器加工技术，他们使用磨制精细的小型石器，遗址中出土石器以加工工具斧、锛、凿最为常见，还有少量的刀、铲、钺、箭镞和矛。斧平面多为顶窄刃宽的长条形，是几种工具中最大的一类，长度多在6至10厘米左右；锛比斧小，磨制较斧精细，形制比较单一，直刃弧顶，刃明显宽于顶；凿磨制得精细而规整，石质也较好，个别似玉质，形状有扁平长条形、圭形和刃口内凹的窄长形，还有一端为圭形、一端为直刃的双端刃形。此时，蜀人已掌握了石器钻孔技术，铲、刀、钺均钻孔（为单面钻孔），推测为管钻技术。另从出土的大量带切割痕的石器来看，蜀人的线切割技术也颇为娴熟。宝墩文化这种以斧、锛、凿为主的小型手工工具传统为三星堆文化所继承，三星堆文化遗址中发现了大量这样的小型手工工具，其形制与宝墩文化所出相比几乎没有什么变化。此外，三星堆文化的玉石器钻孔和线切割技术亦与宝墩文化完全相同。可见三星堆文化发达的玉石器加工工业，正是秉承了宝墩文化已有的石器加工技术成就。

宝墩时期人们使用的生活用器主要是陶器。这一时期，人们已经熟练地掌握了制陶技术，并根据器物的不同功能，制作上其质地和火候有所不同。器物陶质分夹砂和泥质两大类，它们极有可能是分窑而烧。陶器的制作方法为手制加慢轮修整，在许多器物内壁可见清晰的指纹，圈足和器底为二次粘接，许多圈足内粘接处有加固划痕。宝墩时期陶器盛行小平底和圈足，这一风格传统在三星堆文化中可以看出明显的延续关系。泥条盘筑的制陶技术在成都平原先秦文化中一直都保留着，甚至十二桥文化时期以及战国时期的某些陶器仍然为泥条盘筑的方式。

宝墩时期已有的许多文化传统和技术成就为三星堆文化的形成奠定了坚实的物质基础，同时，宝墩时期的社会发展也正在孕育着一些重要的文明因素。

金沙遗址发掘现场

金沙遗址

2001年，成都金沙遗址被发现，这又是一个大型古蜀文化遗址，而且从出土物看，无论是造型还是纹饰风格，都与三星堆遗址所出器物极其相似，当时甚至有"成都又出了个三星堆"的说法。

金沙遗址位于成都西郊苏坡乡金沙村，距老城区5公里左右，磨底河由西向东横穿遗址中部。这里曾是一片郁郁苍苍的农田，散布着零星农舍，丝毫看不出重要遗址埋藏的痕迹。2001年初，因城市建设，挖掘机挖土时发现器物坑，之后，发掘清理出了铜器、玉石器、象牙等大量精美文物，一座3000多年前的古蜀文化遗址就这样被意外发现了。更令人吃惊的是，从出土文物看，该遗址与广汉三星堆遗址有着某种隐秘的联系，它们极为相似，仿佛同一棵树上的两粒果实。

金沙遗址为我们重现了古蜀文化发展鼎盛时期的情景，通过发掘清理，共出土文物5000余件，种类包括玉器、金器、青铜器、石器、象牙等，还有大量用于占卜的龟甲，以及堆积如山的鹿角和动物骨骼、牙齿。金沙遗址出土的绝大部分器物属于祭祀类的精美礼器，它们构成了一幅古蜀时期宫廷政治、宗教

金沙遗址出土石卧虎

金沙遗址出土石跪坐人像

金沙遗址出土石盘蛇

生活的立体画卷。显然，这是一批有别于中原商周时期的南方器物，它们的造型一如我们过去所熟悉的古蜀文化风格，即比中原器物更加飘逸诡秘，想象力更加大胆丰富，充满了古蜀文化特有的饱满、奔放与热情。

玉器是金沙遗址出土器物中数量最多、器型最丰富的一类，包括玉琮、玉璧形器、玉璋、玉剑、玉戈、玉斧、玉凿形器、玉神人头像、玉环形器、玉贝形饰等十余个品种，总数达900多件。尤其值得称道的是，一件堪称国宝的翡翠绿十节玉琮被完整地保留了下来，它高约22厘米，上面刻画着极其精细华丽的图案，细若发丝的纹饰和一个人形符号在光洁的绿玉上若隐若现。遗址中出土的石器也很丰富，计有石人、石虎、石蛇、石龟、石璧、石钺、石锛、石凿等，总数达250余件。其中，石跪坐人像、石卧虎、石盘蛇的眼、耳、口部都涂有朱砂。

金沙遗址出土翡翠绿十节玉琮

金器无疑是此次金沙遗址出土物中最引人注目的。那些薄如蝉翼的金箔被打造成形状各异、寓意不同的器型，包括金面具、凤凰图案金饰（即"四鸟绕日金箔"）、射鱼纹金带、鸟首鱼纹金带、金蛙形饰、圆形金带饰、喇叭形金饰、盒形金器、球拍形金器等40多件，另还同期出土了大量金器残片。其中的金面具在造型风格上和三星堆青铜面具极为相似。金面具（也称"金人面像"）为整体锤揲成形，那种眼部被镂空的神秘感在黄金质地的辉映下，给人以亘古不变的历史凝重感和沧桑感。遗址出土的那条象征权势和威严的金带上，竟然镂刻着几组与三星堆金杖纹饰如出一辙的图案，令人大感惊诧。

金沙遗址出土金人面像

在出土金器中，那件后来成为"中国文化遗产日"标志图案的"四鸟绕日金箔"，尤其令人印象深刻。这件金箔外径12.5厘米，内径5.29厘米，厚0.02厘米，重20克。金箔整体为极薄的圆片形，厚薄均匀，边缘整齐平滑。其图案

金沙遗址出土金蛙形饰

分为内外两层，均采用镂空技法表现。内层图案如同一个漩涡，可理解为升腾的云气，或空中的火球，乃至天上的太阳；外层图案为四只形状相同的逆时针飞行的鸟，正引颈伸腿，展翅飞翔。

这样一件惊世国宝，竟险些与我们失之交臂。2001年金沙遗址发掘的主要参与者之一张擎，回想起当年"四鸟绕日金箔"神奇的发现经过，仍心有余悸。这件珍贵的文物起初是团在一块干土之中，遗落在路边。后来有人偶然将

金沙遗址出土四鸟绕日金箔

　　喝剩的茶水倒掉，恰巧倒在了这块干土之上，有泥巴被冲刷剥落下来，露出一点金皮，在太阳下映射出反光，这才引起考古人员的注意。好悬！后来在工作室里，考古人员一点点将泥土剔净，把原本皱巴巴缩成一团的金箔平展开来，发现竟然完好无损！这又是一个奇迹。

　　散发着古蜀人智慧之光的青铜器，是三星堆文明的标志性器物。此次金沙遗址出土的青铜器数量也相当可观，达到了700多件。唯一不足的是，这次出土的多为小型器物，种类有铜立人像、铜牛首、铜璧形器、铜曲刃戈形器、铜方孔锄形器、铜眼睛形器、铜铃、铜贝饰等，类似于三星堆青铜神树和大立人像那样的庞然大物尚未发现。尽管如此，通过对这批小型青铜器的观察，仍能发现它们与三星堆青铜器的神秘联系。

金沙遗址出土铜立人像

比如铜立人像，通高19.6厘米，由上下相连的立人和插件两部分组成。立人身躯修长，神情肃穆，其头戴环形帽圈，帽圈上十三道弧形芒状饰物如太阳的光芒，沿帽周缘呈逆时针逆围，脑后则垂有隆起的发辫。其腰间系带，正面腰带上还斜插一短柄杖。铜人双臂浑圆，左臂屈肘于胸前，右臂上举至颈下，双手指尖相扣，双拳中空，可能原有其他材质的物品穿过上下两手之间。从造型和人物形象看，该立人像与三星堆二号祭祀坑出土的大型铜立人像非常相似。

学者们之所以屡屡把金沙遗址与三星堆遗址作比较，不是没有道理的。事实上，三星堆遗址自20世纪80年代发现以来，考古学家们就一直对一个问题冥思苦想：如此发达的青铜文化究竟从何而来，它在突然消失之后又去向了哪里？因为三星堆文明的出现和消失都是如此突兀，像一座突然耸立起来的山峰，似乎缺乏必要的中间过渡地带，使得我们惯常的思维在毫无准备的情况下被突然打断了。面对疑惑，有的学者甚至对三星堆文明产生了怀疑，认为它的产生必然跟某一支外来文化有着千丝万缕的联系。

随着宝墩古城等遗址的发掘、金沙遗址的意外发现，人们看见了一缕曙光。原来三星堆文明并非孤立，它的发生、发展都有迹可循。而且其内在的文化脉络也十分清晰。三星堆遗址和金沙遗址，仿佛是古蜀文化这根千年常青之藤上的两枚硕果，我们看清了它们之间的相似之处和内在的发展规律。从年代上讲，金沙遗址比三星堆遗址稍晚，也就是说，三星堆文明并没有从这块土地上无缘无故地"蒸发"，而是悄然迁徙到了成都平原的腹心地带，继续以其独特的文化面貌发展着。

金沙遗址的性质和三星堆遗址十分相似，即在呈现古城形态的同时，又呈现出器物相对集中掩埋的态势，遗址范围显得较为广阔，文物的堆积情况则相对集中。从出土物的分布情况看，它们已不像其文明初期那样杂乱无章，而是分区域呈现一种内在的规律。比如，在距发现大量玉石器不远的地方，便有许多玉石器的半成品或原料出土；卜甲、鹿角和动物牙齿、骨骼都按区域分类堆积。因此，根据现场材料分析，金沙遗址极有可能是介于作坊和祭祀现场之间的一个古蜀文化遗存。

金沙遗址出土铜三鸟纹有领璧形器

关于金沙遗址的年代，初步判断，其应在西周这一时段之内。从考古学上讲，三星堆文化最灿烂的时期约为商代，而金沙遗址附近区域就曾发现大量商代至西周时期的文化遗存。比如，位于金沙遗址北部的黄忠村遗址就曾发现商周时期的墓葬、陶窑和大型建筑房址等，而在它的东部、南部也曾发现同一时期的文化遗迹多处。可以说，金沙遗址是处于古蜀文化分期的中段，它晚于三星堆遗址，而稍早于1985年底成都市区发现的另一处古遗址——十二桥遗址。

之所以说它晚于三星堆文化，是从出土文物的造型及古蜀文化的整体流向来判断的。从金沙遗址所出土的金器、玉器分析，其制作水平已明显比三星堆时期高超成熟。此外，从地域上讲，古蜀文化的发展和迁徙规律，是从四周的山地逐渐向盆地中心聚拢，因此可以推断，金沙遗址是三星堆文明突然消亡之后在成都平原腹地的重生。

根据金沙遗址目前出土器物的种类观察，绝大部分属于祭祀类的礼器，并不属于一般性的日常生活用品，而且遗址内尚无建筑遗迹出土。因此，它有可能是古蜀王国的一处国家祭祀中心。另有一种意见认为，出土器物中不乏玉石器的半成品和原料，亦不排除它是"宫廷作坊"的可能。

当金沙遗址第一批文物从泥土中被发掘清理出来时，考古学家们不约而同地惊叹：它们跟三星堆器物简直太相像了！

金沙遗址出土的金面具和三星堆出土的青铜面具在造型和风格上基本一致，两者均保持着远古祭礼的神秘威仪。那条令人怦然心动的金带，装饰着细腻的鱼鸟纹饰，这跟三星堆金杖上的图案极为相似，仿佛出自同一个工匠之手。甚至有一种说法，认为此金带和彼金杖本来就为同一位蜀王所有，只不过金杖是握在手中，而金带则是环绕在皇冠之上——因为根据金带的长度推测，缠在腰间嫌短，围绕在手臂上嫌长，因此套在额头上的可能性最大。此外，金沙遗址出土的青铜小立人像，立于座上，双手握于胸前，无论从造型风格还是从制作水平看，都是三星堆青铜立人像的复制和翻版。最不可思议的是，大量象牙和动物骨骼的出土也同三星堆祭祀坑无甚区别。加之两处器物埋藏均较集中，故凡是目睹过金沙遗址考古学文化面貌的人，无一例外地认为，它跟三星

金沙遗址出土玉尖耳神人头像

堆遗址必然有着隐秘的联系。过去，三星堆文明的猝然消失在学术界一直是个
难解之谜，现在，这个悬念终于有了一种相对可靠的说法。2001年，金沙遗址
发现不久，林向教授即撰写了《寻找三星堆文化的来龙去脉》一文，认为三星
堆文明因一种特殊的原因（战争、洪水等）突然消亡，之后这个王国迁徙到了
以金沙为中心的宽阔地带，古蜀文明得以延续和重建。

　　当然，金沙遗址所显现的文明特征也有与三星堆文明不尽相同之处。三星
堆文明以青铜器见长，而金沙遗址则以玉器见长。其大型玉琮的出现叫人联想到
长江下游地区的良渚文化，巨型卜甲（直径达50厘米）的出土则又把金沙遗址同
十二桥文化相连接……不过，从文明的产生和发展规律看，这些现象都是可以得
到合理阐释的，因为任何一种文明都不是孤立和突然生长起来的，它必有内部和
外部的推动力量。现在要对金沙遗址作出全面的分析和判断还为时过早，许多未
知的文化因素尚未被揭示出来，一切仍有待于进一步的考古发掘和研究。

十二桥文化

　　奇异的三星堆文明如流星般消失之后，它去向了哪里？它的发展状况如何？是继续保持自己独特的文化面貌和发达的青铜文化，还是从此一蹶不振？1985年，成都十二桥遗址的发现，为回答这些问题提供了新的线索。

　　十二桥遗址位于成都市十二桥西路，东临西郊河，北靠十二桥路，南倚文化公园，西临省干休所，总面积约3万平方米。从目前揭露的情况看，这是一处十分重要的商周时期古蜀文化建筑遗址。它包括连绵不断的居住区和大型的木结构宫殿式建筑两部分。由于该遗址是被一次汹涌的洪水掩埋掉的，因此它的原貌在泥沙下保持得异常完好，甚至连民居的草顶也被完整地保存了下来。

　　十二桥遗址中一般性的小型房屋均为干栏式建筑，分上下两层，建筑材料有圆木、方木、木板及圆竹、竹篾、茅草等。圆木多未加工，有的还附着树皮。而用于宫殿建筑的木材则已加工成规则的方木，两端还保存着榫卯的痕迹。可以想见，当时的建筑师和木工们按需将木料用斧锯削平加工成方木，打上孔，将它们紧密连接起来，修筑成大型的大构宫殿。

　　在三星堆文化三期以后，成都平原的古蜀文化又悄然发生了变化，陶器在原有传统的小平底和圈足基础上，开始出现了大量尖底器，这种变化在三星堆遗址上层已明显地体现了出来。在1982年发掘的三星堆遗址第三层中就出现了大量的尖底杯、尖底盏等，它们保留了三星堆文化的特点，又有着新的文化因素，予人以耳目一新之感。这便是脱胎于三星堆文化而发展起来的"十二桥文化"。

　　学界对十二桥文化也有一个逐渐发现与认识的过程。最早发现属十二桥文化阶段的遗址是1956年清理的成都羊子山土台遗址，该遗址位于成都市北门外驷马桥北去1公里，老川陕公路的西侧，除发现了大型夯土台外，在台址上还出土有大量的石器和陶器。石器有石璧、石斧等，陶器有小平底罐、高柄豆、尖底罐，以及沿外拍印绳纹的盆、盖纽等。同年，在今成都市新繁县（今新都区）又发现一处重要的属十二桥文化阶段的遗址，此地有小庙一座，名"水观音"，因此被称为"新繁水观音遗址"。四川省博物馆考古人员先后两次试掘，清理墓葬7座，出土有陶盉及大量的陶尖底器和圜底器，另有磨制和打制石器。1985年12月，成都市干道指挥部在十二桥路修建办公综合楼，挖地下室时发现一处重要遗址，也就是以之为文化命名的十二桥遗址。考古人员前后进行了两次发掘，其地层堆积可分为13个文化层，其中10—13层为十二桥文化遗存的堆积。12、13层的文化面貌比较接近，为遗址的早期，时代相当于殷商，出土有高柄豆、小平底罐、盉、尖底杯、尖底盏、尖底罐、鸟头把勺、瓶、壶等陶器；10、11层文化面貌较为一致，而与12、13层区别相

十二桥遗址出土陶器——尖底杯

对较大，为遗址的晚期，时代相当于西周早期，出土有尖底杯、尖底盏、尖底罐、喇叭口罐、敛口罐和各式圈足器等陶器。

　　学界普遍认为，三星堆文化伴随着三星堆古城的衰落而逐渐被十二桥文化所替代，这种变化与一般的文化渐进发展有所不同，在这种文化巨变的背后是历史的变革。在古蜀历史上曾发生过几次王朝更替和政治中心转移的事件，三星堆文化及三星堆古城的衰落反映出此时政治中心已发生了转移。三星堆文化阶段，古蜀文化与中原二里头文化（夏文化）和殷商文化联系密切，而十二桥文化时期后段，则显示出古蜀人与周文化发生了紧密联系。这与古文献中的记载是一致的，《尚书》中便有"蜀"作为"牧誓八国"参加周武王伐纣的记载。正是在这样的历史背景下，十二桥文化在继承三星堆文化传统因素的基础上，又有所创新和发展。

　　在房屋建筑方面，十二桥文化继承了三星堆文化旧有的传统形式，即挖墙基槽、埋竹（木）骨、作竹（木）骨泥墙的方式，甚至在十二桥遗址的春秋战国时期地层中仍发现有这种竹（木）骨泥墙的建筑。但另一方面，因小环境的

十二桥遗址木构建筑遗迹

变化，其房屋建筑形式开始有所改变。十二桥遗址中的小型房屋为干栏式木建构建筑，打密集木桩，桩上绑扎圆木形成网状，其上铺木板形成居住面。这样居住面相对抬高，利于防潮。此外，还发现有大型的地梁基础，地梁上有对称的圆形和方形卯孔，可能为大型的带廊庑式的宫殿建筑。

　　这一时期的石质生产工具仍然继承了三星堆文化的传统，以通体磨制的小型斧、锛、凿为主，其形制与三星堆文化的同类工具相同。出土石器中还出现了少量的璜等装饰品，以及大量不知用途的石盘状器。十二桥遗址中出土骨器数量较多，均为磨制，以笄、针、镞最为精细。另还发现了一些小件铜器，有细长条形的凿、方锥状铤、原始的柳叶形剑，以及带脊、两翼带刺的镞。陶质生产工具中纺轮数量特别多，而且形制多样，极富特色，另有一定数量的网坠。

　　卜甲的多见是这一时期的一大特点，一般多为龟腹甲，卜甲钻孔以圆形钻孔为主，且带有方形凿印或凿槽，烧灼痕迹明显，但不见刻画文字。

　　十二桥文化时期的陶器以夹砂陶为主，泥质陶极少。夹砂陶中分褐、灰和褐皮灰心陶，泥质陶中则以灰陶为主，少量褐陶，部分陶色不一，器表褐黑相杂。其中，素面陶占绝大多数，纹饰少见，主要以绳纹为主，少量的重菱纹、鸟纹、弦纹、附加堆纹和圆圈纹等。三星堆文化小平底罐和圈足器盛行的传统为十二桥文化所继承，同时出现了大量的尖底器。器物类别有从三星堆文化因袭下来的小平底罐、高柄豆、盉、鸟头把勺、壶、瓶等，也有新出现的尖底杯、尖底罐、尖底盏、盆、高领罐、盆形豆、罐形豆、瓮、敛口罐、喇叭口罐、釜、绳纹罐、盖纽呈"8"字形和三花瓣形的器盖等。

　　现代成都城的西区是古蜀文化遗迹发现较多的地方，2001年发现的金沙遗址也位于该区域内。这是否说明当时这里已形成了大型的聚落和城市雏形呢？答案是肯定的。有学者认为，从金沙遗址和十二桥遗址的年代推测，两者很可能是时代相距不远的同一时期的古蜀文化遗存（两地均出土有用于占卜的龟甲），只不过十二桥遗址用于居住，而金沙遗址用于宗教祭祀、作坊加工或者屠宰饲养场所等。这似乎是一个分工明晰的阶级社会的遗存，他们已有了初步的城市设计和规划。

　　因此，三星堆文明从广汉进入成都平原腹心地带以后，它的发展状态是良好的，非但没有中断和退化，反而生长得愈加根深叶茂，枝干发达。

东方古文明王国

—— 三星堆文化的影响

古蜀与中原

三星堆考古发现揭示了古蜀文明的灿烂辉煌。它不仅重现了3000多年前古蜀王国丰富多彩的社会生活，而且也为探索古蜀文明与中原殷商及周边其他区域义明之间的关系，提供了许多鲜活的实物资料。

过去学术界在中华文明起源的问题上，由于受到自上古以来即奉行的中原诸夏王朝为正统、"内诸夏而外夷狄"文化观念的影响，很长时期都将中原视作唯一的文明中心。随着考古新发现提供的资料日益增多，中华文明起源所呈现的满天星斗、多元一体的格局已为越来越多的学者所接受。三星堆考古发现便为中华文明起源多元论提供了重要佐证，并有力地证明了古蜀王国就是长江上游一个重要的文明中心，亦是中华文明的重要起源地之一。

从考古发掘看，古蜀文明自成一系，与中原文明在诸如礼仪制度、观念习俗、宗族或部族构成、社会生活、艺术情趣等许多方面都迥然有异。但同时，古蜀文明与中原文明又有着比较密切的关系。无论从文献记载或考古发掘看，自古以来古蜀与中原即有经济、文化方面的交流与相互影响。

传说上古时期，黄帝和蜀山氏即有联姻，夏禹治水曾多次往返于岷江流域和黄河流域，《华阳国志·蜀志》《尚书·禹贡》对此便有较多的记述。蜀与夏在文化上的同源关系，还可以从考古文物中得到印证。

从三星堆出土的文物中，可知古蜀文化与中原文化联系最早的器物是高柄豆和陶盉。高柄豆是中原龙山文化至二里头时期的典型器物。陶盉大量发现于二里头文化遗址，据古代文献记载，夏人称盉为"鸡彝"，是夏人在举行"灌礼"（或作"裸礼"，古代酌酒灌地以请神灵的祭礼）时所使用的祭器，其形制三足中空，为有口、有流、宽鋬的酒水注器。如果说三星堆所出陶盉、陶豆是接受了夏代二里头文化的影响，那么铜尊、铜罍则显示出明显的殷商青铜礼器的痕迹。这些情况起码说明两点：一是古蜀与中原的文化传播和交流在夏代甚至更早就开始了，二是这种文化传播和交流在殷商时期变得更加密切。正是由于中原文化地持续影响、不断渗入，三星堆文化告别新石器时代，步入了青铜时代。

三星堆遗址出土的玉石牙璋中，除本地风格外，还多次出土了二里头类型的牙璋。类似二里头文化形制的玉戈在三星堆遗址中也有大量发现。与二里头文化特有的青铜牌饰相似的器物，也多次在三星堆遗址出土。这些含有中原夏文化因素的器物屡屡于蜀地出土，说明古蜀民族早在夏代就与中原夏民族有着经济、文化方面的交往。

商代是中国奴隶制社会发展的鼎盛时期，其青铜文明在世界古代文明史上放射出耀眼的光芒。三星堆文化吸收了灿烂的商代文明，但其古蜀民族的主体文化特质却从未丧失，不论是陶器、玉器，还是金器、铜器，形制和器类组合都有着自身独特的风格。古蜀民族大量吸收了商代文明中的某些因素，如陶器中的尊、觚，玉石器中的戈、刀、戚、璧、环、瑗、圭、琮等，以及铜器中的瓿、尊、罍、盘等礼器，从中都可以明显地看出是模仿、借鉴了商代器物中的形制。由此说明，三星堆文化后期所创造的辉煌成就是与高度发达的商代文明的影响和交流分不开的。

关于古蜀与中原的关系，历来是学术界讨论的一个热门话题。传世文献中这方面的记载较少，自从殷墟甲骨文大量出土，相关资料才多了起来，在甲骨文中不但发现了"蜀"字，而且发现了商和蜀的关系。

三星堆遗址出土陶盉　　　　　　　中原二里头遗址出土陶盉

三星堆遗址出土青铜牌饰　　　　中原二里头遗址出土嵌绿松石
　　　　　　　　　　　　　　　　　　兽面纹铜牌饰

商代甲骨文中关于"蜀"的记载

学者们对甲骨文中刻录的"蜀"，其地理位置究竟在哪里有不同的看法。陈梦家先生认为"蜀、羌、微、濮四国，皆殷之敌国"，大约在殷之西北、西南；胡厚宣先生认为"蜀"在鲁地，今山东泰安南至汶上皆蜀疆土；董作宾先生认为"蜀"约当今之陕南或四川境；日本学者岛邦男认为"蜀"在河曲西南，约今陕西东南商县、洛南附近；郭沫若先生则认为"蜀"乃殷商西北之敌。除了殷墟卜辞中有许多"蜀"的记述，在陕西岐山西周遗址出土的甲骨卜辞中也有"蜀"字，学者们对其所代表的地域也产生了分歧。李伯谦先生认为这个"蜀"在汉水上游，只是到西周时期才转移到成都平原。段渝先生则认为陕南之"蜀"并非独立方国，它是成都平原蜀国的北疆重镇，故亦称"蜀"。

这些争论，显示了百家争鸣的学术风气。虽然对殷墟卜辞和周原卜辞中的"蜀"有着不同解释，但三星堆考古发现已经充分揭示出具有鲜明特色和丰富内涵的古蜀文明，告诉我们殷商时期的古蜀王国，不仅在三星堆建立了雄伟的都城，而且有着同中原一样灿烂而又独具特色的青铜文明，在长江上游成都平原形成了自成一系的辉煌的文明中心。

但三星堆时期的古蜀王国是否与东周以后的蜀文化一脉相承呢？有学者对此持审慎的态度。他们认为，目前三星堆遗址中没有发现任何文字，故无法直接证明。其次，东周时期及以后的蜀文化深受中原文化影响，已经出现了像中原文化系统那样的大型墓葬，包括贵族和王的墓葬，并伴有大量的随葬品，这些是中原文化中"王者和贵族本位"的象征。但三星堆和金沙遗址中目前还没有发现类似这样的突出个人本位的遗存，仅仅是公共性的祭祀。因此，还不能简单地认定"三星堆文化与东周以后的蜀文化一脉相承"。看来，这一谜底还有待进一步的考古发掘来最终揭晓。

古蜀与中原一直有着比较密切的关系，有着文化上的交流和经济方面的往来，但古蜀与中原这种关系究竟属于什么性质？是相互隶属，还是相对独立？这也是学术界争论较多的问题。

有学者认为古蜀应是殷商的西土外服方国，还有学者认为古蜀文化是受商文化传播影响发展起来的。但从甲骨文卜辞看，蜀与殷商王朝和战不定，是国与国

三星堆遗址出土的青铜龙虎尊　　　　　安徽阜南出土的殷商时期龙虎纹青铜尊

之间的关系，而不是方国与共主的关系，古蜀国并未成为殷商王朝的外服方国。从考古资料看，三星堆古蜀都城大于早商都城，并与中商都城不相上下，若按照殷商王朝的内外服制度和匠人营国之制是严重逾制的，故表明古蜀王国与殷商王朝分属于两个不同的政权体系，二者之间不存在权力大小的区别。三星堆青铜造像群浓郁的古蜀特色，在王权和神权方面自成体系的象征含义，对此也是一个很好的印证。而三星堆青铜器中的尊、罍，玉石器中的璋、戈等形制，则反映了对商文化的模仿，说明了商文化对蜀文化的影响。但古蜀与中原的文化交流是不丧失主体的交流，在接受商文化影响的同时，以高超的青铜造像艺术为代表的古蜀文化特色始终占据着主导地位。

　　古蜀文化与殷商文化之间的交往，可能有水、陆两途，而顺长江上下当为主要途径。徐中舒先生曾指出，古代四川的交通有栈道和索桥，并不似想象中那般困难，而且长江顺流东下，更不能限制习惯于逐水而居民族的来往。从考古资料可以清楚地看出，古代四川与中原地区联系的主要道路就是沿江而行的。李学勤先生通过对出土青铜器物的比较研究，也认为这很可能是商文化通

三星堆遗址出土的青铜罍　　　　　　河南地区出土的殷商时期青铜罍

往成都平原的一条主要途径。以中原为中心的商文化先向南推进，经淮至江，越过洞庭湖，又溯江穿入蜀地。他认为蜀文化与商文化的发展是平行的，彼此间的影响、传播也是畅通的，不过这种影响不是直接传入当地，而是由今湖北、湖南地区当时的文化作为媒介。三星堆礼器的饕餮纹与湖北、湖南所出同类器物上的一致，便反映了这种媒介作用的存在。总之，蜀文化有着自身的渊源和演变，在长时期接受了中原和其他地区的文化影响之后，才逐渐融合到了中华文化的大进程中来。

古蜀与中原的交流，北经汉中之地或通过陇蜀之间也是不可忽视的途径。西周初武王伐纣，联合西土八国会师牧野，古蜀国人马就应是由这条途径参与征伐的。在开明王朝开凿石牛道（古时连接巴蜀和汉中的交通要道，又称"金牛道"）之前，古蜀国北面的交通显然早已存在了，文献记载和考古出土资料都为此提供了印证，古代蜀人使用栈道的历史可能远比见诸文字记载的要久远。

西汉扬雄《蜀王本纪》中有"蜀王从万余人东猎褒谷"的记述，如此大规模的行动从一个侧面也说明了当时的交通情形。《华阳国志·蜀志》说杜宇时期

"以褒斜为前门",开明三世卢帝"攻秦至雍"。"褒斜"即由褒谷至斜谷穿越秦岭的山间古道,雍城在今陕西宝鸡市凤翔区南,这些都说明了古蜀国北面的交通状况。褒斜道早在商代即已开通,在商周之际开通的可能还有"故道"(因其沿嘉陵江东源故道水河谷行进而得名)。西周中晚期铜器散氏盘铭文中有"周道",据王国维先生考证,西周古国散国在散关一带,此"周道"即《水经注·渭水上》"出周道谷北"之"周道谷"。可见这一山地通道的开通年代甚早。而据《史记·货殖列传》所述,商周时期雍蜀之间已有商业往来。

从考古发现看,陕南城固出土的铜器群中,既有属于殷商文化的器物,如鼎、尊、瓿、簋、戈、钺等,又有属于古蜀文化的器物,如青铜面具、铺首形器,以及陶器中的小平底罐等。由于三星堆文化同类器物都早于或相当于城固铜器群的年代,说明陕南乃是商与蜀接壤、两种文化相互交错共存的边缘地区。对古蜀国来说陕南是其北境,而对商王朝来说陕南则是其西土。三星堆出土的铜罍与城固出土的铜罍在器型和纹饰上都十分相似,显然便是两种文化交流的结果。

古蜀文化通过陕南接受了殷商文化的传播,仿造了中原礼器中的铜尊与铜罍,同时,古蜀文化也对这一过渡地区产生了影响,留下了富有古蜀文化特色的遗存。在陕西宝鸡茹家庄、竹园沟、纸坊头等处发掘出土的一批西周时期弜国墓葬,就呈现出一种复合的文化面貌。学者们认为,其居址和墓地的出土遗物从各个不同的侧面揭示出商周时期传统的周文化同西南地区早期蜀文化、西北地区寺洼文化(主要是安国文化类型)的有机联系,展现出一幅五彩缤纷的历史画面。毫无疑问,这对于研究当时的民族关系、文化交流与融合都具有重要意义。值得注意的是茹家庄一号、二号墓出土的青铜人,那夸张的握成环形的巨大双手,完全继承了三星堆青铜大立人像双手造型的风格。这对商周时期蜀文化的影响应是一个绝好的说明。有学者认为,弜国文化中明显占优势的古蜀文化因素是不能单用外部传播来解释的,必然是蜀人势力直接抵达渭滨,蜀文化圈在此与周文化圈相重叠所致。从各种文化现象分析,弜国文化是古蜀人沿嘉陵江向北发展的一支,是古蜀国在渭水上游的一个拓殖点,展示了古蜀文化具有强烈的扩张性和辐射性。

弜国墓地出土青铜人（女人像）　　　　弜国墓地出土青铜人（男人像）

　　苏秉琦先生曾从考古学的角度探讨了中原与各区系文化的关系和影响。他指出："在历史上，黄河流域确曾起到重要的作用，特别是在文明时期，它常常居于主导的地位。但是，在同一时期内，其他地区的古代文化也以各自的特点和途径在发展着。各地发现的考古材料越来越多地证明了这一点。同时，影响总是相互的，中原给各地以影响，各地也给中原以影响。"三星堆考古的大量材料所揭示的辉煌的古蜀文明，以及古蜀文明和中原文明的相互交流与影响，便是很好的例证。

　　以三星堆青铜造像群为代表的文化主体始终占据着古蜀文化主导地位，外来文化影响只居于次席，而且大都在模仿过程中给予了新的发挥，这就是古代蜀人既善于学习外来文化的长处，又对本土文化的优越充满自信的表现。值得一提的是，三星堆一号坑出土模仿商文化的礼器数量较少，在二号坑中，这类礼器出土的种类和数量却大为增多。两坑时代相差约百年，说明随着历史的发展，古蜀文化与殷商文化的交流比以前增多了。联系彭县竹瓦街出土的十二桥文化时期青铜器物来看，中原商周文化对古蜀文明的影响随着时间的推移而变得更为强烈了，这显示的正是中华文明多元一体发展的历史趋势。

总之，古蜀王国与殷商王朝的关系和文化交流，我们应该给予客观的认识。古蜀文化主要通过长江中游地区，以及今陕南地区这些过渡地带接受商文化的影响，但三星堆时期古蜀文化主体还是本土的文化因素，外来文化影响并不显著，而且来自长江中游的影响要大于黄河流域。殷商崇尚礼器，发展出一套繁复的系统。古蜀王国也同样有着发达的青铜文化，同样有众多礼器，但其赋予青铜的意义与殷商王朝以及其军政文化势力所及的长江中下游地区明显不同。可以说，三星堆文化与殷商文化各自具有的鲜明特色，充分展现了长江流域和黄河流域南北两个文化系统的绚丽多彩，随着相互间的交流融合，从而在中华文明发展史上谱写了青铜时代杰出而又辉煌的篇章。

长江文明和黄河文明一样，是中华文明的重要组成部分，长江中下游地区有着悠久的稻作文化历史，长江下游的河姆渡遗址中发现了中国最早的玉器，距今4000至5000年的良渚文化玉器更是中国青铜文明之前玉器文明的代表。中原地区的青铜文化向南发展进入长江中下游地区后，这里曾是商王朝的"南土"。

三星堆文化辐射的范围，北达今陕南汉中，南抵今雅安汉源，东出三峡和夏商文化相接。因此，三星堆青铜文明中某些夏商文明因素，正是三星堆文明出川向外辐射，与周边文化接触的结果。在商王朝灭亡后，楚继承了商文明在南方的发展，周继承了商文明在北方的发展，蜀继续和这些地区保持经济、文化方面的交流，晚期古蜀文明中有较浓厚的楚文化因素，正是这个缘故。

考古材料说明，以华夏族为主体的中华文明是多元化的耦合而形成的，各方国、各民族之间在经济文化方面长期互相交流，取长补短，最后才出现了以中原文化为主体，东西南北异彩纷呈的中国古代文明。

如果从更广阔的视野来看，三星堆文明同世界上的其他区域文明也有着商贸与文化方面的交流。古蜀国地处中国内陆四川盆地，由于水土丰茂，物产富饶，曾有学者将其形容为中国的后花园。过去通常认为，这里自古以来受地理环境限制，是个比较闭塞的地区。三星堆考古发现告诉我们，古蜀王国其实

三星堆遗址一号祭祀坑出土青铜龙虎尊局部纹饰
其腹部主纹饰虎形与人纹并列。虎身向两侧展开，巨头大耳，尾下垂；人纹在虎头下，手臂曲举，两腿分开下蹲

并不封闭，也并非蛮荒落后之地，古代蜀人不仅有着极其丰富的想象力和创造力，而且显示出强烈的开拓精神，具有很大的开放性和兼容性。童恩正先生曾指出，四川恰好位于黄河与长江两大巨流之间，又正当青藏高原至长江中下游平原的过渡地带，曾是古代中国西部南北交通的孔道，又是畜牧民族和农耕民族交往融合的地方。四川自古就有众多的民族迁徙栖息，在历史上留下了十分丰富的文化内容。三星堆青铜造像群就生动地展现出三星堆古蜀文明是以古蜀民族为主体，联盟了西南其他众多部族创造出的一种灿烂的青铜文化。三星堆青铜文化具有浓郁的古蜀特色，同时又显示出许多其他文化的影响。通过比较研究可以发现，三星堆青铜文化与古代西亚文明也有许多相近的因素，相互间可能存在着某种隐秘的联系。

三星堆遗址二号祭祀坑出土青铜兽面纹罍局部纹饰

文明的启示

　　三星堆青铜器群，至少为我们提供了以下几点重要的启示。

　　其一，长江上游地区的文明很可能是以古蜀文明为中心。中国文明起源多元性不容置疑，古蜀文明的发达程度在当时毫不逊色于中国的其他地区。不能因为在此后相当一段历史时期，由于多方面的因素，中国西南地区相对落后，而把古蜀文明当成一般性的地域性文化来看待。美国哈佛大学著名人类学和考古学家张光直先生就从交互作用圈和地域共同传统角度，精辟地指出，中国文明是在公元前4000年前便已显形的一个交互作用圈之内逐渐形成的。中国文明起源具有多元性，而不是以黄河流域为中心向四方辐射。今天，这对史学和考古学界来讲，已是人所共睹的事实。

　　其二，学术界一般认为中国的冶金术产生于公元前3000年。三星堆青铜器群无论从冶金水平，还是从制作技术上看，与同一时期商文明青铜器相比毫不逊色。它们与蜀地同时期的陶器、石器形制并不相同，显然早已脱离了模仿其他质料器物的初级阶段，工艺之复杂远远超出了其他任何质料所做器物的技术难度。而三星堆一号、二号祭祀坑中出土的青铜熔渣结核、泥芯（内范）和坩埚，说明古蜀人当时已拥有大型铸铜作坊，铸铜手工业已经高度发达，青铜熔炼水平也已达到了高级阶段。

　　其三，对三星堆青铜器群的金属含量及合金水平分析表明，古蜀地区应该是中国冶金术起源的若干个中心之一。对铜器成分的分析表明，当时的蜀人已经可以熟练地运用二元和三元青铜冶金术。

　　将上述的分析结果与中原殷商时期的青铜冶金技术成分相比较，可以发现：古蜀地青铜礼器的锡含量一般较低，含铅量较高，而实用器的锡含量则较高，表明古蜀地在锡青铜和铅青铜的使用上是以器物性质决定的，而且在用途上恰好与商文化形成鲜明对比，从而表明古蜀和殷商是两个完全不同的青铜文化系统。古蜀国青铜器铜锡类和铜锡铅类多数含有微量磷元素，表明其青铜冶金也富有特色。因为在青铜冶金的熔炼中，掺入微量磷元素可增加锡青铜的流动性，提高其强度、硬度和延展性，这说明当时古蜀人在掌握青铜合金的脱氧技术方面已达到了极先进的水平。

一般认为，中国青铜时代从公元前2000年左右形成，经夏、商、西周、春秋，大约有1500年的时间。东到山东滨海，西至甘肃、青海，南及两广，北至辽宁、内蒙古都有青铜器出土。从考古发现来看，河南安阳、郑州，陕西汉中，江西新干，四川三星堆等地商代青铜器多见，陕西周原、丰镐，河南三门峡、洛阳等地西周青铜器集中。到春秋战国时期，山西的晋文化，山东的齐鲁文化，湖北、湖南的楚文化，江苏、浙江的吴越文化，陕西的秦文化，都有大量青铜器，可谓异彩纷呈，各具特色。这样辽阔的地域分布是举世无双的。

殷商的青铜器主要以兵器、生活器具、礼器为主，尤以礼器为佳，而大规模地制造形态各异而且艺术水平极高的青铜雕像群，则只有古蜀地。三星堆青铜雕像群的主体部分在造型和艺术表现上，体现出与商周青铜器有着意念不同的文化来源和风格。就单个青铜造像的艺术特征来看，无论写实，还是夸张，都给人以强烈的震撼。从已有的考古成果来看，三星堆青铜雕像群的来源，在文化上仍然是一个谜。

殷商之际的北方夏家店上层文化、北京刘家河商代墓葬、安阳西北冈大墓都有一些青铜雕像因素，但从功能、艺术风格、体量、数量与造型特征看，均与三星堆青铜雕像不同；江西新干大洋洲晚商大墓出土的青铜双面人头形神器雕像，功能虽为祭祀，但从种类、数量、大小等方面看，与三星堆青铜雕像也不一样；而陕西汉中城固出土的铜面具，应为古蜀文化向北扩张的结果；宝鸡茹家庄弜伯墓出土的铜人从风格及造型上看，也是受古蜀文化影响。就是在古蜀地，也还没有出现这类青铜雕像群的发生和演化序列，在其他非金属制品中，也同样找不到其祖型。这就有理由使人们提出三星堆青铜雕像群的文化来源问题。我们认为，从世界青铜文明的传播变迁、发展方向、功能、风格演变、年代序列上看，古蜀国青铜文明源自与周边的文化交流是有可能的，但从考古成果提供的材料看，其主体文化因素仍是本土的。

三星堆遗址二号祭祀坑出土青铜纵目人面像（左图），江西新干大洋洲晚商大墓出土青铜双面人头形神器（右图）

　　林向先生曾指出："所谓'早期蜀文化'，并不是只与某一个族、某一国直接对应的考古学文化，而很可能是一种土生土长而又受到中原夏商周文化的强烈影响，扎根地方的有特征性的、地域性的青铜文化，它的文化因素，可以在许多相邻近的'族'或'国'的古遗存中表现出来。"

　　中国殷商时期的青铜文化在总体风格上讲究的是四平八稳、重若泰山，中原地区发现的超大型的鼎和罍就是这种文化的代表。这是殷商时期的统治者妄图王权千年稳固的青铜之梦。而古蜀文化中的青铜之梦则不具备这种稳固的理性，相反，它们显得更为自由诡秘、飘逸大胆，想象力十分丰富奇特。

　　人们在面对古蜀文化中的这些青铜头像和面具时，很容易联想到古印度、古埃及等古老文明，因为在近东和西亚，国外的考古学家已揭示过类似的神秘的青铜文化类型。比如，在美索不达米亚地区就发现了公元前3000年的青铜人头像，古埃及王国也有用青铜铸造人头像的历史，古代印度文明、爱琴海文明同样以青铜"面具文化"和"头像文化"著称。在伊拉克，人们甚至还发现头部和双臂都用金箔包裹的古巴比伦人物雕像，可见，西亚古代艺术中的雕塑品也常常覆盖着薄如蝉翼的金箔，这些和三星堆的人头像、面具，以及金面罩颇为相像。

而且，三星堆出土的青铜人头像和面具，其造型已经明显脱离古蜀人（或中国人）的面部特征，而是洋溢着一股"异国情调"，它们的脸不是一团和气的东方面孔，而是棱角分明、线条粗犷，这是个难以解释清楚的现象。三星堆青铜文明乍一露面，便已是它的巅峰状态，它还没有将其发展过程展示给我们。根据考古学家们长期实践的经验，在三星堆灿烂的青铜文明出现之前，还应当有一个"泥塑像"或"木雕像"的试验摸索阶段，或者应该出土一些初期阶段粗糙的青铜雕像，但这一切我们都还无缘目睹。是因为古蜀人一开始就把手艺操练得如此娴熟，还是因为我们至今仍没有发现那些"试制品"？无论如何，这些神秘的青铜人头像和面具不会突兀而来，它们或是从外部文化移植、借鉴，或通过自身的创造、演进。总之，我们必须注意这样一个事实：古蜀文明毕竟是传统中原文明以外的一种，蜀人的创造力完全有可能超越我们的想象，那显得突兀又有什么可奇怪的呢？

三星堆遗址出土的不少青铜人头像和面具形象特异，洋溢着一股"异国情调"

1998年，在三星堆遗址仁胜砖厂墓地出土了一件陶人，残高10厘米，头光圆，高鼻突出，眼、嘴以阴刻线条画出，身着长裙，腰间系带。其为我国目前发现的最早的陶人之一，人们从它的身上似乎看到了三星堆青铜人物雕像的雏形

青铜人头像
（一号祭祀坑出土）
头顶为子母口形，原应有冠饰套接其上；杏状大眼，高鼻梁，阔口，双唇紧闭，下颌宽圆。青铜人头像线条圆润，颇具写实风格，为目前所发现的唯一一件仿"真人"头像

青铜公鸡
（二号祭祀坑出土）
这尊青铜公鸡体量不大，方型底座边长仅2.5厘米，公鸡像高14.2厘米，但因其"写实风格"在三星堆出土器物中显得格外引人注目。底部方座可以看到明显的残断痕迹，可能这件青铜公鸡最初是铸于某器物的顶端

东汉彩绘木鸠杖
（甘肃武威磨嘴子汉墓出土）
杖杆粗细均匀，木雕鸠鸟口含
食物粒横卧杖端。传说，鸠为
不噎之鸟，刻鸠鸟于杖端，象
征老者饮食如鸠，咽而不噎，
是一种对长者健康的祝福。这
件木鸠杖反映了汉代政府为长
者赐鸠杖的优抚制度

如果说金杖标志着古蜀国的王权，是神人结合至高无上的统治权力象征的话，那就表明古蜀国与中原夏、商、周三代的最高权力的标志物是全然不同的，表达出古蜀国与中原同时期文化有着不同的来源和内涵。

根据古文献记载，中国夏、商、周三代王朝都用"九鼎"象征王权，并在历史上形成了一脉相承的传统，九鼎作为国家权力的最高象征又被称为"神鼎""宝鼎"。王朝的更替与代兴，九鼎一并易手。九鼎的转移，实质上就是权力的转移，同时带来政权内部财富的再分配。商周考古成果表明，中原王朝确有形制众多的青铜鼎，并已形成了与史籍记载的礼制相合的用鼎制度。中原王朝用杖之俗始于周，但其为君王赐予高龄老人的"王杖"，作为长者一种身份地位的象征，是王朝敬老的标志。一般都于手杖顶部做成一只斑鸠鸟的形状，寓意健康长寿，称之为"鸠杖"。《礼记》和《吕氏春秋》中都谈到了用杖之事。从考古资料来看，目前中原地区发现最早的青铜鸠杖为战国时期遗物。

　　夏、商、周的王权尽管也有较浓的神权色彩，但主要还是"君权神授"，也就是说帝王不是神的化身，帝王的"帝"是一种祭名，而不是"上帝""天帝"的意思。周武王伐纣时，以"小邦国"取代"大国商"，《尚书·召诰》记载，周公说这种王朝代兴是"皇天上帝，改厥元子"，即天帝改立其在人间的长子。而在《尚书》中我们还可以看到殷纣王大难临近时，念念不离"我生不有命在天"。这些都表明当时中原地区的思想意识中，都认为至高无上的君权是天帝一类的上苍所赐的。君权本身不是神权，人间的改朝换代是因天帝的旨意而得以完成的。

　　三星堆遗址九十多年来的考古成果，充分说明了在中原夏、商、周同时期，古蜀国已具有灿烂的古代文明，然而，中原地区象征王权的鼎却从未出土过。虽然三星堆也出土了一些带有商文化色彩的尊、罍等青铜器，但与众多具有古蜀文化特色的青铜器相比，显得微不足道。陶器方面，中原商文化特征的鼎、鬲、罍等三足器在同期古蜀国三星堆遗址甚为少见，而以小平底罐、尖底罐、高柄豆、鸟头把勺等为基本组合的陶器却有大量出土。这表明了古蜀文明已有自己独立的陶器发展序列，是一种与中原夏、商、周有着不同特点的文化。研究者普遍认为，三星堆遗址反映出的古蜀国灿烂的文明是一种复合型文化，既具有强烈的本土色彩，又与周边文化在不同的范围内、不同的文化特色上互相渗透、吸收和融合。金杖的出现就是一个例证。

　　一些考古和历史研究者认为，三星堆祭祀坑出土的金杖很可能是在古蜀地方巫术、图腾崇拜演化中，加入了西亚文明影响的产物。

　　西亚是公认的人类文明最早的发祥地之一，其与我国西部地区相接，并向西直达地中海东岸，地域广阔。需要注意的是，我们今天不能仅仅从现有中国行政区域来考察历史上古代西部的广大地区，也不能仅从史书所记、实有所证的南、北丝绸之路，来看待我们与西亚文明的关系。历史上，中国的西域与西亚、近东，有相当部分是互相涵盖的，文化上的交流、互相渗透实际上是早就存在的。此后，由于国家的兴起和不断的演变，这一区域的文化出现了各有所

在古埃及文明中，权杖只有国王和神祇方可使用，是一种仪式性用具，象征着权力

依的演化，因而在某种程度上出现了文化链及其传播的阻断。这是历史存在的事实，因此，要想在考古与历史研究中取得成果，必须具有深邃的历史眼光。

用杖这种器物作为政治、军事、经济、宗教等独特权力的象征物，最早是西亚文明的一种地方文化形式。古埃及、古希腊、古罗马爱琴海文明中的权杖早已被证明是西亚文化传播的结果。后来的历史还表明，世界上许多地区用权杖来标志其至高无上的统治权，也都与西亚文明有着直接或间接的关系。研究者认为，三星堆出土的金杖从形制看与古代西亚、埃及较晚时期的权杖相似，属于细长类型。近东权杖的一个特点就是在杖身和杖首的顶部描绘有图案，以记述胜利者的功绩或某件关系国家命运的大事。据分析，三星堆金杖上的图案也具有类似的含义，只不过已经变成了具有强烈古蜀文明特点的内容和形式。

考虑到古蜀王国和商代中原地区均没有使用权杖的文化传统，因此认为三星堆金杖是通过某种途径吸收了近东权杖文化形式的观点是有一定道理的。三星堆一号祭祀坑出土的金杖很可能是古蜀国政权的最高象征物，是表示王权、神权，以及经济、社会财富垄断权的标志。另对三星堆出土的金面罩、青铜人头像的研究表明，这种贴金的方式也很可能是受到近东文明影响的产物。

扩张与消亡

三星堆古蜀王国是一个尚没有文字或没有遗留下文字的古国，该王国的形成、发展、扩张和衰落的过程，在文献记载的古史、传说中都未留下任何印迹。要探讨这个由考古材料提出的问题，还是需要从考古材料中去寻找线索。

三星堆文化是一个分布范围遍及四川盆地，延续时间长达五六百年的青铜文化。它自形成到转变为十二桥文化，分布区域发生的变化十分明显。

三星堆文化前期的遗址主要集中在成都平原和今重庆沿江地区，其辐射范围则覆盖了岷江流域、沱江流域、涪江流域，也就是四川盆地的绝大多数地区，并一直顺长江向东延伸，直到鄂西西陵峡东一带。它与中原的二里头文化、二里岗文化以及湖南的皂寺文化发生接触。在鄂西地区，目前发现的最东端的三星堆文化遗址为江陵县荆南寺遗址，该遗址以夏商时期遗存为主体。出土陶器中第一至第三期都带有浓烈的三星堆文化因素。这种因素在第一、二期时还一度占据着主导地位，后被当地本土文化因素所遏制，并在第三期之后逐渐退出。

从现有的材料看，在三星堆文化前期，以成都平原为中心的三星堆文化的分布尚未向北延伸到陕南地区，三星堆文化向外扩张基本上是沿长江向东推进，并且在相当于夏末商初时一度进入江汉地区，湖北江陵一带就是三星堆文化分布最东端之边缘地带。

在三星堆文化后期，其分布状况与前期相比有了显著的变化，主要表现在沿长江的分布区东界比前期后退了，但在四川盆地以北的分布区却沿嘉陵江向东北方向大大延伸了。在陕南地区，属于三星堆文化晚期的遗存发现得比较

陶平底罐（三星堆遗址出土）　　　　　　　陶高柄豆（三星堆遗址出土）

多，从安康盆地的紫阳县白马石等遗址发掘出土的陶器看，其器类以"小平底器、高领罐、瘦长袋足二足器最富特征"，典型器类有尖底钵、尖底罐、高柄豆、觚形杯、圈顶捉手器盖、觚形器座等。这些与三星堆一号祭祀坑、十二桥遗址群第一期的陶器非常相似，应当属于三星堆文化末期和十二桥文化初期的遗存。汉中盆地这一时期考古学文化的面貌与安康盆地相似。赵丛苍《城固洋县铜器群综合研究》一文所列举的城固县五郎庙、宝山和洋县六陵渡遗址所获陶器，主要为耸肩小圈足罐、高领折肩小底尊等，这些陶器的形态也与三星堆文化晚期和十二桥文化初期的陶器基本相同。据赵文介绍，与这些陶器共存的有近似殷墟早、中期的同类器物，这正与三星堆文化末期的年代相符。

　　值得注意的是，在陕西城固和洋县一带曾多次出土铜器群，其器类有鼎、簋、鬲、尊、罍、瓿、壶、觚、爵、斝、盘、戈、钺、矛、钩、面像、璋形器等，其中容器以尊、罍、瓿出土地点和数量最多，尊、罍等的形制和纹饰多与三星堆器物坑同类铜器相似，年代也主要在殷墟中期偏早阶段。因此，三星堆文化晚期（特别是末期和十二桥文化初期），其文化分布的北界已经到达了今陕西南部的汉水流域，陕南汉中及安康盆地都应当属于三星堆文化及之后的十二桥文化与关中地区、江汉地区青铜文化的交互作用区。

从上述三星堆文化前后期的分布状况看，该文化向外发展的方向和途径显然经历了一个大的转变。在三星堆文化的前期，它是向南再折转向东，沿着岷江、长江顺流而下，在江汉平原、长江中游一带和中原地区的青铜文化发生接触和碰撞；在三星堆文化的后期，它是向东北方向跨越涪江和嘉陵江，然后沿嘉陵江穿越大巴山，在陕南汉中盆地和安康盆地与关中地区的青铜文化发生交流和融合。

古蜀国的繁荣持续了1500多年，然后突然地消失在了历史长河中。

从考古发现的种种迹象来看，三星堆王国的消失是很突然的，是在非正常状态下发生的，留下了许多令人感兴趣的疑点。考古学家对此作了许多有益的探索，提出了诸如水患说、战争说、迁徙说等种种猜想。

在诸多的猜想中，水患说是具有代表性的一种。四川大学考古系教授林向便认为三星堆文明的突然消失跟洪水有关。有一份考古材料为之提供了证据："三星堆以南的阶地第七层是一层厚约20至50厘米的淤泥，青黑色，包含物极少，明显与洪水有关，此层出土遗物为三星堆末期，因此毁灭三星堆古城的洪水就发生在三星堆文化的末期。"

成都平原为什么自古就与洪水纠缠不清呢？分析其原因，主要是由于成都平原本来就属于冲积扇平原，整个地势向东南倾斜，坡度很大。大大小小的河流出山口进入平原后，从西北朝东南流淌，一旦淫雨成灾，就容易导致洪水肆虐，从而造成城破家亡的灾难。古蜀传说中最大的一次洪水发生在杜宇统治的末期。《蜀王本纪》记载：

> 时玉山出水，若尧之洪水，望帝（杜宇）不能治，使鳖灵决玉山，民得安处。鳖灵治水去后，望帝与其妻通，惭愧，自以德薄不如鳖灵，乃委国授之而去，如尧之禅舜。鳖灵即位，号曰开明帝。

　　据此，有考古学家提出，三星堆古城本为杜宇所有，但杜宇不善于整治洪水，最后连自己的王国也拱手送人了。不过，由于考古发掘和文献佐证的不足，目前关于三星堆王国灭亡原因的分析还只是停留在假设上，无法定论。

　　关于三星堆古蜀文明的待解谜团还有许多。比如，三星堆时期究竟有没有文字？汉代人扬雄说古蜀国没有文字，甚至不知礼乐。从考古发掘来看，三星堆文物上的确没有发现明确的文字证据，在金沙遗址出土的古蜀器物上也没有见到文字类的刻画。这就留下了一个巨大的谜团，古蜀人是没有自己的文字，还是不乐意将文字刻画书写在器具上呢？

　　有专家乐观地估计，现在发掘的三星堆遗址，只占了大遗址的千分之二，还有更多遗迹等待我们去进一步探寻，到时候说不定会见到文字资料。或者还有另一种可能，古蜀文字不一定跟中原商王朝一样刻在龟甲或铜器上，而是书写刻画在其他材料上，若这一材质很难保存，那要有所发现便是很困难的事情了。总之，现在没有发现，不等于一定没有，将来的情形尚难以预料。

　　"三星堆遗址"这个原本属于考古学上的专有名词，如今已成为全民热议的话题，新发现的六个祭祀坑燃起了全民考古的热潮。当年，这六个祭祀坑阴差阳错地躲过了专家的手铲，又静静地沉睡了35年。应当说，我们等待这35年是值得的。中国考古在这35年中有了长足进步，技术和理念都有了飞跃提升。也许，经历了这次等待和沉淀，在接下来的考古发掘中，"三星堆"还将带给我们更多的惊喜！